Un Rêve d'Azur et d'Or

A. CHAMBAUD

Prix : 1 Fr. 50

AIX

IMPRIMERIE & LIBRAIRIE MAKAIRE (V. PEYRAS, Successeur)

2, rue Thiers

1908

VOYAGE A JÉRUSALEM

Du 5 Septembre au 17 Octobre 1907

——

34ᵐᵉ PÈLERINAGE DE PÉNITENCE

VOYAGE A JÉRUSALEM

DU

5 Septembre au 17 Octobre 1907

TRENTE-QUATRIÈME
Pèlerinage de Pénitence

Prix : 1 Franc

AIX

IMPRIMERIE & LIBRAIRIE MAKAIRE (V. PEYRAS, Successeur)

2, rue Thiers

1908

Origine de mon Voyage

Ayant la passion des pèlerinages, j'avais décidé depuis mon voyage à Rome d'aller à Jérusalem. Ce beau rêve durait depuis cinq ans et je commençais à le croire un rêve irréalisable lorsque tout s'est arrangé pour que je le fasse : santé, somme nécessaire, retour de ma famille et approbation de mes amis.

Je fais donc mes préparatifs pour le voyage et pour l'éternité, car enfin nous allons si loin et tant de gens m'ont prédit que j'y laisserai ma peau et que j'y mourrai !... Si Dieu le veut ; que sa sainte volonté soit faite.

Départ

Le 5 septembre, nous nous levons ma nièce et moi
à 4 heures 1∣2 pour prendre le chemin de fer de Marseille.

Délicieuse journée. Deux bonnes saintes filles
étaient venues avec nous pour assister à notre départ.
Nous allons au bateau où on rectifie ma qualité,
n'avait-on pas mis : l'abbé Chambaud ?

De là, montée à Notre-Dame de la Garde, messe,
chants, distribution de nos insignes, qui sont une
petite croix rouge piquée sur la poitrine. Déjeuner
bien affectueux et gentil, chez ma jeune amie, Marie-
Louise Gaudard qui vient aussi m'accompagner au
bateau.

On bénit nos deux croix, par un temps, d'autant
plus beau, que, sur ma prière, le bon Dieu avait fait
tomber une bonne petite pluie l'avant-veille et le vent
avait soufflé très fortement.

On enlève la passerelle, les derniers cordages et
nous commençons à nous éloigner de notre chère
France pour voguer vers Jérusalem.

Sur l'Etoile

Que dire de notre vie à bord ? Qu'elle est charmante. Nous sommes 204 pèlerins, sans compter le
personnel qui est très bien dirigé. Le service est celui

d'un grand hôtel, et quant aux Pères Assomptionistes qui sont à la tête, ils sont admirables.

Nous voguons dans le bleu, tout est d'azur, le ciel et l'eau, notre Méditerrannée ressemble à un beau lac.

La Corse vient de paraître, nous la longeons et la ville de Bonifacio, vue de notre côté, ressemble, par ses maisons serrées les unes contre les autres, à de bonnes petites vieilles qui ont peur de tomber dans l'eau, ce qui arrive quelquefois car elles sont bâties sur des rochers à pic.

De la Sardaigne nous ne voyons que la côte. Quant au Stromboli, il nous a fait grise mine, ne daignant pas lancer ses étincelles. Un pèlerin français en revenant de Jérusalem fut jeté par une tempête sur le rocher de Stromboli. Un ermite qu'il alla y visiter, lui demanda s'il connaissait l'abbaye de Cluny et l'abbé Odilon qui la gouvernait; sur la réponse affirmative, l'ermite ajouta : « J'entends souvent les esprits infernaux se plaindre de la puissance de ce saint pour arracher au démon les âmes du Purgatoire. Quand vous serez arrivé dans votre patrie, je vous prie de dire au saint abbé de redoubler ses bonnes œuvres et celles de ses religieux en faveur de ces pauvres âmes ». Le pèlerin s'acquitta de la mission et saint Odilon ordonna qu'on fît tous les ans, le lendemain de la Toussaint, la commémoration des fidèles trépassés. Cette pieuse coutume prit naissance en 998.

Puisque nous parlons de l'aventure d'un pèlerin disons que le plus ancien de tous s'appelait : le Pèlerin de Bordeaux et qu'il visita la Palestine l'an 333, sous Constantin Ier. La relation de son voyage a été souvent citée, ce qui prouve que les récits des pèlerins ont du bon.

Dimanche 8 septembre, patatras de notre belle vaillance à tous. Notre entrée dans la mer Adriatique est marquée (dit la légende) par la bataille de tous les vents enfermés par Éole dans des outres qui furent brisées sur les ordres des serviteurs d'Ulysse. Et le bateau danse si bien que nous sommes tous malades, depuis le petit mousse jusqu'à messieurs nos directeurs.

Comme c'était un dimanche, nos belles cérémonies sont remplacées par une bonne méditation, pour les uns, sur le mal de mer, pour d'autres, sur les petites misères de la vie, ou une étude sur les visages, que M. Lardeur a même la cruauté de photographier.

Pour mon compte, je suis restée bien à jeun dans ma couchette ce qui est, je crois, le meilleur remède.

A présent nous voguons vers Athènes et nous venons d'entendre une très intéressante conférence sur la fameuse défaite des Perses dans le détroit de Salamine. Elle montre bien ce que peut un petit peuple devant une force dix fois supérieure, quand il veut défendre le sol sacré de sa patrie. Ainsi ont fait les Athéniens et les Grecs sous la conduite d'Aristide et de Thémistocle pour vaincre Xercès, d'où la fameuse bataille de Marathon.

Après le dîner, soirée récréative, on fait appel à tous les talents, et ils sont nombreux chez nos Pères où la gaîté sait s'allier à la piété. Tous les matins, nous avons la messe du pélerinage avec chants, à 9 heures, le chapelet, à 4 heures, chemin de croix, et le soir, à 8 h. 1[2, le salut. Pour les dames qui ont avec cela leur ouvrage, la lecture et l'écriture, elles n'ont pas le temps de s'ennuyer.

Athènes

10 septembre

Nous avons mis le pied sur la fameuse terre des Grecs le 10 septembre.

On nous a si souvent comparé à eux qu'il était doublement intéressant de leur faire une visite, et dès 4 heures du matin nous nous préparions à ce voyage au pays de l'art dans tous les genres. Hélas ! qu'en reste-t-il de ce beau passé ? Une ville complètement moderne, (avec quelques ruines) bien poussiéreuse et peu verdoyante, plus cependant que je ne le pensais, car depuis quelques années on a planté des avenues et des jardins.

Ce qui devait être beau, c'était lorsque ces monuments étaient dans leur splendeur de marbre blanc peints de douces et vives couleurs, de les voir se détacher sveltes et élégants sur le ciel bleu de l'Attique. On ne peut s'empêcher d'évoquer, en les regardant, tous les grands génies de ce pays et de philosopher sur la décadence de la Grèce.

Nous avons eu un temps splendide pour monter aux ruines, avec un vent frais, fort rare en ce pays, qu'un orage était venu visiter quelques jours avant.

Bon repos à la cathédrale d'Athènes, où nous avons eu le salut; puis second repos chez les bonnes sœurs de Saint-Joseph pour nous rafraîchir avec de la bière, des raisins dorés et des poires délicieuses.

Conclusion (qui va faire sourire): ma Provence vaut bien la Grèce. Ses horizons sont même plus vaporeux et elle n'est pas aussi déssechée. J'ai constaté un usage gracieux: Le 1ᵉʳ mai on va à la campagne pour en rapporter des gerbes de verdure dont on fait une couronne pour la suspendre au balcon de la maison. Et elle reste ainsi accrochée jusqu'à ce qu'elle tombe en poussière.

Pauvre saint Paul, me disait l'abbé Mazel, avec lequel je fais ce beau pèlerinage, avoir à parler, lui, si rustique, devant ces Athéniens beaux diseurs et frivoles! Il a fait cependant deux conversions: saint Denis l'aréopagyte et une femme dont j'ai oublié le nom. N'est-ce pas une petite semence suffisante pour jeter dans un pays le souvenir du Christ.

On ne quitte pas sans regrets la belle ville d'Athènes, mais les cités païennes font un vide dans l'âme,

que les beaux musées, les temples et les théâtres ne
peuvent combler. Enfin nous avons vu Athènes, le
rêve de beaucoup de gens et nous repartons pour
continuer notre croisière.

Mont Athos

11 septembre

Le Mont-Athos est le but de notre prochaine journée. C'est la merveille des merveilles, pour les messieurs surtout qui auront le bonheur et la faveur d'entrer dans le plus beau des monastères, le Russikon.

Pour nous, pauvres femmes, nous ne verrons que
les façades des 20 couvents qui vont défiler sous nos
yeux pendant une heure.

Quelle chose étrange que l'existence de ces moines
perdus dans leurs montagnes, dans ces splendides
couvents, qui rappellent un peu l'ordre des Prémon-
trés, près de Tarascon. C'est le même silence, la vie
de prière, le jeûne, et la même richesse pour le culte.
Certains couvents ont le style moyen-âge, mais le
plus beau de tous, celui où les messieurs, sont descendus, est tout-à-fait Russe avec ses coupoles vertes et
dorées.

Des barques ornées de branches de lauriers viennent chercher nos prêtres et nos laïques qui n'ont pas
été d'une correction parfaite disent quelques mali-
cieux. *(Les pauvres)* dirait-on dans notre Provence.

ne pensaient pas si mal faire, en ne se découvrant pas dans le magasin des Icones, et en souriant devant l'encensement fait à chacun d'eux par un moine.

La porte de la chapelle est en argent massif, un lustre du même métal d'une dimension extraordinaire orne le milieu, tandis que les Icones les plus beaux couvrent les murs. Les moines ont des voix merveilleuses qu'ils modulent très bien ; quant à leur vie, elle serait parfaite si leurs 300 prostrations consistant à frapper le sol avec le front sans toucher la terre avec les genoux, et leurs jeûnes, n'étaient pas chose perdue par leur manque d'union avec nous en ne reconnaissant pas le Pape, puisque le Tsar est le leur. Cependant Dieu leur en tiendra compte sans doute.

Mais comment peuvent-ils rester debout dans leur chapelle pendant 12 heures en égrenant un chapelet. C'est l'anéantissement de la faculté de penser, car ils ne lisent pas, ne s'instruisent pas par conséquent, et sauf quelques heures de travail manuel, voilà leur existence. Leur nourriture se compose de pain pétri avec de l'huile et du miel, d'olives, de poissons et de confitures, car ils ont des arbres fruitiers. Comme végétation : des lauriers sauce, des arbousiers et des pins ; les petits chênes couvrent de grands espaces ainsi que quelques vignobles.

Leur costume est noir, grande barbe et longs cheveux coiffés du cône noir agrémenté d'un long voile

noir qui s'appelle le kalimaska. Tous ces détails
nous sont donnés par nos messieurs qui nous arrivent
chargés, comme des baudets : de pain, de confitures,
et de cette nouvelle que, même les animaux du sexe
féminin, sont exclus du Mont-Athos. Consolons-nous
donc de ne pas avoir été admises.

Et maintenant nous voguons sur des flots moins
bleus qui vont doucement nous conduire au Bosphore
et à la belle ville de Constantinople.

Avant d'entrer dans l'ancienne Bysance, un mot
sur notre soirée d'hier.

Un Père a fait défiler sous nos yeux par projections
lumineuses tous les beaux monuments d'Athènes :
D'abord le temple de Thésée qui fut élevé pour célébrer sa victoire sur le Minotaure, grâce à la *ficelle*
de la belle princesse Arianne. Mais Thésée, peu
galant, nous dit notre guide, qui, par extraordinaire,
ne s'appelle ni Démosthène, ni Platon, laisse là, la
belle princesse. Malheureusement dans sa précipita-
tion il oublie la recommandation de son père et laisse
le drapeau noir qui devait lui annoncer sa mort.
Et le malheureux Egée se jette à la mer de désespoir.

L'Odéon, dans le genre du théâtre d'Orange, se
présente à nous ; il n'était destiné qu'aux concerts.
Plus loin, les prisons de Socrate, et c'est dans l'une
d'elles qu'il aurait bu la ciguë. Si l'Odéon ne contient
que 3.000 personnes, en revanche le théâtre où se

jouaient les fameuses tragédies de Sophocle et d'Euripide, pouvait en contenir 30.000. Il est en face des prisons de Socrate. Des sièges en marbre blanc sur lesquels on voit encore les noms de ceux qui les occupaient, sont au premier rang, ils étaient destinés aux prêtres et aux personnages importants, nous nous passons la fantaisie de nous y asseoir. Point de mur de façade comme à Orange, mais les montagnes et le ciel bleu comme toile de fond.

Le temple de Minerve avec triple rangées de colonnes s'élève sur la hauteur ; au milieu était la statue de Minerve de 12 mètres de haut. En descendant on passe devant le temple de la Victoire (sans ailes), parce que disaient les Athéniens la victoire n'était jamais sortie de chez eux. Enfin le ravissant arc d'Adrien et le stade pour les courses en char, qu'un riche Athénien vient de faire remettre à neuf moyennant la petite somme de 3 millions. Les courses en char ne se font plus, mais des jeux et des luttes, et je ne sais pourquoi les spectateurs, qui ont tous des coussins (pour éviter la châleur brûlante des marches de marbre), se les jettent à la tête. Enfin l'Agora, espèce de place publique, sorte de marché aussi où se réunissaient les flâneurs, les conteurs et les beaux diseurs d'Athènes.

Pour compléter le tableau, un beau soldat, jupe courte au genou, guêtres blanches ou maillot plutôt, tout brillant de boutons dorés se dresse dans son costume d'opéra-comique en se faisant admirer sur toutes les coutures. C'est le fameux Palikare.

Constantinople

16 septembre

Tandis que nous revivons encore un instant en Grèce, le bateau jette l'ancre après les projections et le salut.

Lentement nous nous avançons dans les eaux du Bosphore, tandis que Constantinople nous offre ses mille lumières se reflétant dans l'eau. Pour compléter la beauté du spectacle, le croissant de la lune se lève lentement et brille dans les profondeurs du ciel. Voilà qui est de la couleur locale. Et ce matin, à la sainte messe, je voyais dans un avenir peut-être bien lointain, la Vierge Marie écrasant le serpent et tenant le croissant sous son pied virginal.

Qu'ils sont à plaindre ces pauvres Turcs avec leur saleté et leurs haillons, leur ignorance de tout et leur vie sans charité et sans dévouement. Eux se trouvent peut-être très heureux, mais nous, chrétiens, nous ne pouvons que les plaindre d'être complètement asservis et doublement sous le rapport religieux puisque s'ils quittaient leur religion, le cimeterre viendrait les mettre à la raison.

Une bonne religieuse me racontait qu'on procurait une trentaine de femmes par année au Sultan. Pauvres femmes ! et que des milliers d'enfants étaient jetés à l'eau. Du reste, quand le Sultan veut se débarrasser des gens, il les invite à dîner, un trou est à la place de l'invité, à un signal une trappe s'abaisse et il disparaît dans le Bosphore.

Les bonnes sœurs essaient bien d'entrer, dans les maisons et sous le prétexte de soigner la mère, elles baptisent les enfants. Voilà un premier côté triste du pouvoir oriental et comme le crime entraîne la peur, le Sultan qui tremble, ne mange rien sans le faire goûter avant par sa mère, il ne sort plus, pas même pour la prière.

Le second côté, c'est l'abaissement de l'homme du peuple courbé en deux, il se met une espèce de selle sur le dos et là-dessus on le voit porter : trois caisses, un piano, enfin des charges énormes qui justifient le proverbe « fort comme un Turc. »

Que dire de tous ces chiens pelés et galeux qui sont couchés partout et qu'on ne doit pas toucher, les chiens, les chats et les pigeons étant sacrés.

Une chose charmante, ce sont les petits ânes défilant deux à deux et portant tout ce qu'on peut porter : Planches, briques, grosses pierres, ordures et fruits.

On a lu bien des descriptions du Bosphore, et de Constantinople, malgré cela on ne se fait bien l'idée exacte d'une chose que quand on l'a vue. Je ne dirai pas comme les jeunes prêtres de notre pèlerinage que je suis désillusionnée, mais que je ne me doutais pas de l'aspect de cette Byzance bruyante, et tapageuse, à la foule bariolée et criante, aux maisons plutôt pauvres et laides, tandis que je me figurais trouver une suite de palais s'étageant sur des quais splendides. Le Bosphore a la forme du croissant, qui est devenu l'emblème de l'empire depuis la victoire remportée par Mahomet sur Constantin parce que le croissant de la lune aurait brillé subitement durant la bataille. Sur ses bords s'étalent trois villes : Scutari, Stamboul et Galata. Stamboul devenue Constantinople est en face, tandis qu'à droite et à gauche le Bosphore continue sa forme de corne d'or montrant une suite de belles campagnes de style oriental, avec terrasses et galeries ornées du croissant et de l'étoile ; elles sont toutes cachées dans des nids de verdure.

Constantinople a été bâtie sur sept collines à l'imitation de Rome. Pour la conquérir sur Constantin, Mahomet II ayant réuni tout le rebut du peuple, le fit marcher en avant, et comme il y avait trois rangs de fortifications séparées par des fossés, les premiers assiègeant tués comblèrent les fossés, ce qui permit aux janissaires, les bonnes troupes de Mahomet, d'avoir raison de la petite poignée de grecs ou autres soldats dont pouvait disposer Constantin.

Nous voilà donc dans le plus beau port du monde, et, si le temps est frais, le ciel un peu nuageux, il prendra demain une couleur orientale pour notre départ.

Notre première course est pour le bazar intérieur, véritable labyrinthe dans lequel on pourrait se perdre, il est voûté, couvert d'arabesques bleues et jaunes qui ajoutent à la richesse des étoffes et des tapis s'étalant dans chaque boutique.

En passant nous visitons Sainte-Sophie, malgré la défense du Sultan qui n'a permis la visite d'aucune mosquée aux chrétiens le vendredi. A l'extérieur elle ressemble à toutes les autres ; des coupoles rondes et des minarets plus ou moins élancés, du haut desquels le Muezzin fait entendre la prière du soir. Il y en a cinq très belles qui coupent le coup d'œil de la ville.

L'intérieur de Sainte-Sophie est couvert de peintures jaunes et bleues excessivement fines, de grandes nattes de paille couvrent le sol. Les jours de fête elles sont elles-mêmes couvertes de tapis. Profanation, nous n'avons pas enlevé nos chaussures pour entrer. Il est vrai que nous ne sommes qu'une dizaine pour cette escapade. Nous en sommes d'autant plus fiers, que nous pouvons faire un peu enrager les pauvres malheureux mis à la porte après nous.

La ville étant bâtie en amphithéâtre on ne fait que monter et descendre dans des rues mal pavées, sales, glissantes dont les principales sont sillonnées par les tramways signal de la civilisation entrant à l'aide de la vapeur. Quelques bicyclistes circulent aussi, mais par une seule automobile dans la crainte d'écraser les bêtes sacrées. Je ne pense pas que les poules soient du nombre ; c'est incroyable ce qu'on en voit dans toutes les rues.

On ne peut faire un pas, sans apercevoir des hommes travaillant à la machine, brodant ainsi de merveilleux tapis ou égrenant des perles enfilées terminées par un gland, sorte de chapelet qui s'appelle le Varchek Querchimer et en français : Un passe-temps.

Comme dans toutes les villes d'Orient, chaque quartier a son industrie et ce sont des files interminables d'échopes de boulangers, d'épiciers, de fruitiers, etc., etc., les cuisiniers n'abondent pas, car pour le Turc, la pastèque et quelques gâteaux, voilà toute sa nourriture. Leurs fruits sont du reste très engageants et font un effet charmant quand ils sont arrangés en couronne de différentes couleurs. Après avoir vu l'intérieur de la ville, les divers groupes sont revenus au bateau, soit en barques moyennant un metellique, soit par le pont qui relie les trois villes, grand pont en bois d'une longueur de 2 kilomètres et sur lequel passent 10.000 personnes par jour, de tous les types et de tous les costumes les plus divers, ce qui fait une quinzaine de mille francs par jour, les voitures payant un franc. Ce pont est bien la plus curieuse chose à voir à Constantinople.

J'oubliais la visite à la mosquée des Pigeons où des centaines de milliers de ces volatiles sont nourris sans jamais être tués. Cette mosquée avait une chapelle et tout autour un parvis. Cela fait songer au parvis du temple sous lequel Jésus se promenait si souvent et dont il chassa un jour les vendeurs.

En voyant les turcs transformés en bêtes de somme nous pensions à Notre-Seigneur disant aux scribes et aux pharisiens : vous chargez les autres de fardeaux pesants que vous ne toucheriez pas du bout du doigt.

Les petits mendiants sont à croquer quand ils viennent nous demander : un bakchiche, ce qui veut dire une aumône, en touchant la tempe gauche avec leur petite main qu'ils étalent ensuite sur leur cœur, ce qui veut dire : bonjour et merci. Et cela avec des sourires à croquer, des yeux de velours, tandis qu'ils s'en vont trottinant dans leurs haillons aux couleurs éclatantes.

L'hippodrome est une vaste place sur laquelle était le palais de l'empereur, deux obélisques l'ornent encore, mais le palais a été remplacé par une fontaine donnée par Guillaume, l'empereur d'Allemagne, rêvant sans doute, lui aussi, de devenir un grand conquérant.

Dans la journée, déception profonde, les derviches qui avaient promis de tourner ne tournant pas, le grand chef étant malade, nous remplaçons cette distraction par une cérémonie à l'église Bulgare et une autre à l'église Slave construite toute en fer avec quatre portes aux quatre points cardinaux.

Chez les Bulgares le patriarche officiait dans son splendide costume violet semblable à du carton tant il a de roideur.

Les chants sont une mélopée nasillarde et plaintive d'un effet un peu monotone.

DEUXIÈME JOURNÉE

Très réussie consistant dans un court trajet en chemin de fer pour aller à Kaum-Kapou où nous visitons le musée qui renferme des merveilles. Sarcophages splendides en marbre blanc qui étaient peints, car chez les grecs tous les marbres étaient ainsi, on mettait même dans les mains des statues ou la flèche d'or, ou la hache d'argent. Le plus beau est celui qui dit-on, aurait été fait pour l'empereur Alexandre. D'un côté il représente une bataille et de l'autre une chasse, et les deux sujets sont merveilleux de proportion et de finesse.

En passant, nous jetons un coup d'œil sur les lacrymatoires, sorte de vases longs avec une anse et deux trous pour recevoir les larmes des pleureuses. D'autres vases sont ronds, plats avec un seul trou dans lequel on soufflait pour les lamentations.

On voit aussi dans ce musée quelques sarcophages égyptiens ; le sexe du défunt se distinguait par les mains, celles des femmes aplaties sur la poitrine, et

celles des hommes fermées comme deux poings mena-
çants.

Un plan est au milieu d'une des salles pour nous
montrer les fouilles qui furent faites dans sept villes
superposées, entre le Tigre et l'Euphrate et d'où ont
été retirées toutes les merveilles que nous admirons.
La façon de correspondre des Egyptiens est à noter.
Des boîtes en terre appelées cubicus remplacent nos
enveloppes, parfois on gravait l'adresse sur la boîte.
Et souvent le contraire de ce qui était écrit sur le
papyrus. Enfin si la boîte n'était pas creuse et ne formait qu'un bloc, on écrivait la lettre tout autour. On
a aussi trouvé dans les fouilles des quantités de petites statues sans tête ; les Turcs ayant la superstition
du mauvais œil ont dû les enlever. Cette superstition
est telle que, si un enfant a reçu le mauvais œil, ils
crachent dans un verre et barbouillent l'enfant avec.
Décidément ils sont sales en tout.

En allant à Galata, nous avons pu observer sur le
bateau à vapeur, certaines mœurs musulmanes. Toutes les femmes étaient parquées à l'arrière bien à
l'abri des hommes et des autres passagers.

A Constantinople les maisons sont en pierres ou en
bois, suivant le caprice du Sultan. Si un incendie
vient détruire les maisons de bois, un ordre arrive de
ne les bâtir qu'en pierre. Si c'est un tremblement de
terre qui survient, second ordre de ne les reconstruire
qu'en bois : toujours le despotisme. J'avais oublié de

raconter notre messe' à Koum-Kapoun dans l'église
grecque desservie par les Pères Assomptionistes passés au rite grec pour répondre au désir de Léon XIII
qui a demandé ce sacrifice aux latins afin d'arriver à
la réunion des Eglises.

Ils viennent là, renonçant à tout les chers souvenirs de leur première communion et de leur première
messe, changeant aussi les chants, les cérémonies et
leur costume pour adopter celui des grecs. Que c'est
beau !

A la fin de la messe nous avons tous défilé devant
le prêtre consécrateur pour recevoir un morceau de
pain bénit et prier devant la Vierge donnée par le
Pape. Après, petit déjeuner, ou plutôt rafraîchisse-
ment chez les bons religieux et départ pour le musée.

Dans la journée, splendide promenade en voiture.
Il fallait voir les rires et les rangées de dents blanches se montrant à nous sur le passage de nos cinquante voitures parcourant Stamboul. Montées raides
et glissantes, descentes vertigineuses sur des pavés
inégaux, mais rien n'arrête les petits chevaux de
Constantinople, et les cochers. Après une heure et
demie de cette course dans les quartiers les plus élevés, nous arrivons en face d'un vieux cimetière abandonné ; du reste ils sont vite délaissés, puisque les
caveaux n'existant pas comme en France, on ne peut
enterrer les corps que les uns à côté des autres. Le
Fez marque la tombe des hommes, les femmes n'ont

rien ou, si elles ont eu des enfants, une branche de fleurs peintes, car, dans tout l'Orient, la stérilité était une honte, chaque femme espérant être la mère du Messie annoncé et promis.

Les enterrements se font le jour du décès et les morts ne sont enterrés qu'à 50 centimètres de profondeur pour que l'âme aille jouir plus vite de tous les bonheurs du Paradis de Mahomet. Quant aux femmes, elles ne passent pas par la mosquée puisqu'elles n'ont pas d'âmes.

Voilà pourquoi les femmes en Orient sont un jouet, fait seulement pour le plaisir des hommes.

Un changement commence cependant à se montrer depuis l'arrivée des religieuses. En voyant des européennes sans voile, elles en font autant, ce n'est du reste que promises ou mariées qu'on les voit mettre ce petit carré de tulle broché. D'autres laissent voir les deux yeux et les Druses, un seul œil.

Il y a une tendance à les instruire et elles sentent qu'elles sont autre chose qu'un corps. Prions pour elles.

En face du cimetière commencent les restes des vieux remparts avec de magnifiques tours, mais ce qui en fait la particularité, c'est qu'ils étaient triples et séparés par de larges fossés.

Nous redescendons au galop de nos petits chevaux dans la partie de la ville la plus curieuse, passant entre les doubles remparts, qui tendent à disparaître

comme tous les vieux souvenirs des époques guer-
royantes que nous remplaçons peu à peu par l'union
des peuples dans les progrès de la civilisation et de
la science.

Faut-il le regretter? Non, car la religion du Christ
viendra un jour à leur suite dans les pays les plus
reculés, et c'est ce qu'elle fait tous les jours. Le
démon, en rage, sans doute, tâche de mettre des
bâtons dans les roues de son char, mais elle n'en suit
pas moins sa route, et sur les ruines de ses missions,
elle en élève de nouvelles plus belles et plus floris-
santes que les anciennes.

Et maintenant il faut repartir, ainsi est la vie. Mais
notre aimable commandant nous gâte en nous faisant
longer le Bosphore. Que c'est beau! En passant,
nous saluons les bonnes sœurs de Saint Vincent de
Paul et du Bon-Pasteur avec leurs élèves, ainsi que
les bons Pères. La sirène fait entendre son cri stri-
dent, les mouchoirs s'agitent : Vive la France! disent
les voix enfantines, la fin des remparts vient mourir
dans le Bosphore, avec sa dernière tour. Salut à Constantinople. Nous sommes dans la mer de Marmara,
on nous fait contempler la mer noire (comme de l'encre) disent les plaisants du bord, et nous entrons dans
les Dardanelles, longeant la Syrie en passant tout
près de l'île de Rhodes. Que de souvenirs à évoquer
sur les primitives Églises en voyant par la pensée ces
villes qui eurent la visite de saint Paul.

Déjà à Constantinople, la grande figure de saint Jean Chrysostome avait été évoquée par nous. Son souvenir convertira-t-il un jour les Musulmans?

Il y a tout un quartier Grec, des magasins grecs et toutes les bonnes sont grecques, ce qui permet d'avoir de bons serviteurs.

Toutes les maisons ont un ou plusieurs balcons avancés, la Moucharabi sorte de cage de verre voilée par des rideaux appelés des Mystères (dont nous avons pris la mode depuis quelques années) et dans lesquelles les femmes musulmanes se tiennent toute la journée. Aussi, quand on passe, aperçoit-on souvent un coin du rideau se soulever et un visage rieur apparaître : c'est leur seule distraction !

Voici Patmos où saint Jean a écrit son Apocalypse ; Ephèse. Rhodes nous fait songer aux chevaliers, ces religieux combattant le bon combat et arrêtant l'irréligion comme Constantin le fit en bâtissant une ville entre les deux mondes : l'Europe et l'Asie. Les chevaliers de Rhodes m'intéressent particulièrement ; nous en avons eu les descendants à Saint-Jean de Malte (ma paroisse d'Aix-en-Provence). C'est comme saint Labre, invoqué tout le temps du pèlerinage, dont la statue est dans mon église paroissiale: il fut plusieurs années pèlerin dans notre région. Or comme je m'agenouillais tous les jours devant son autel en sortant de la sainte messe, il m'a été très doux de continuer à le prier.

Nous voici pour deux jours encore entre le ciel et l'eau, ce dont on ne se lasserait jamais (quand la mer est belle). Il est si merveilleux de voir flotter la maison que l'on habite, illuminée tantôt par les feux du soleil tantôt par la lueur plus douce de la lune. Les cérémonies se succédant, nous n'avons pas le temps de nous ennuyer. C'est d'abord la procession de la Vierge de Lourdes, avec bougies, lanternes vénitiennes pendues au navire, et, devant la grotte organisée par les marins, feux de Bengale et fusées.

Le matin, service pour les défunts, avec absoute émouvante sur la mer, cette tombe de tant de disparus.

Second jour, adoration du Saint-Sacrement et préparatifs pour notre débarquement à Beyrouth. Là, nous prendront le chemin de fer, nous coucherons peut-être sous des tentes et pendant huit ou dix jours nous mèneront une nouvelle vie.

Beyrouth

18 septembre

Cette nouvelle vie est commencée. Quel rêve que cette belle route et que ce beau voyage! A 5 heures nous nous levions pour quitter le bateau après avoir entendu la sainte messe. Ces petites barques sont amusantes et l'embarquement risible. Un batelier nous pousse, un autre nous tire, enfin on finit par remplir la barque, puis au milieu des cris des pèlerins, de ceux plus aigus des bateliers, on parvient à arriver à bon port.

Des voitures nous attendent et nous partons pour visiter la belle université des Pères Jésuites, ainsi que le couvent des sœurs de Saint-Vincent de Paul qui font des merveilles avec leurs trois cents enfants auxquels elles apprennent tous les métiers. Ils nous accueillent aux accords de leur belle fanfare et nous admirons dans le jardin des bonnes sœurs des arbres que nous avons à l'état de petites plantes en serre, ce sont des ibiscus.

En redescendant nous passons par les bazars, moins beaux que ceux de Constantinople, mais plus curieux. Des arcades s'entrelacent en murs très vieux se resserrant de façon à ne laisser passer que deux personnes, et là, sont les marchands de fer, plus loin, les fabriques de sandales.

Dans toutes les boutiques, quatre ou cinq petits enfants, charmants ouvriers aux beaux yeux noirs, riants et aux belles dents blanches.

Nous reprenons encore nos barques pour aller déjeuner et de nouveau pour monter en chemin de fer, et quel chemin de fer !

C'est merveilleux cette ligne du Liban qui nous élève jusqu'à 1.400 mètres en nous faisant traverser des montagnes splendides semées de chèvres noires et de tentes de bédouins. De blancs petits villages montrent leurs terrasses sur lesquelles se trouve un rouleau pour rendre à la terrasse son égalité quand il a plu. On fait aussi sécher des briques en terre, des figues et des tomates.

Mais que cette montée dans le Liban est belle par le chemin de fer à crémaillière et cette descente vertigineuse. Le tracé a été fait par un ingénieur belge, il avait avec lui vingt ouvriers qui sont tous morts du choléra et lui seul est resté pour mener à bonne fin une œuvre si belle.

Baalbeck

19 septembre

Nous voici installés à l'hôtel Victoria, très bien tenu, la table est bonne, mais ce n'est plus le tapage des déjeuners du bateau, cependant on rit bien dans notre coin.

Quelle bonne nuit ! Quel bon lit avec un sommier rebondissant comme une balle. Aussi ai-je bien dormi, sans baisser mon moustiquaire, ce qui me permettait de jeter un premier coup d'œil sur les belles ruines que nous devons aller visiter. Le lendemain nous faisons nos toilettes avec délice mes compagnes et moi, cela change de la cuvette pour huit dans nos cabines du bateau.

Je prends si bien mon temps, qu'en sortant, les abbés me disent que je n'aurai plus de messe. Quelle erreur, avec ma chance habituelle j'arrive à l'église Maronite où d'un accent nasillard un prêtre maronite catholique célébrait la messe. Celle-là n'était que pour satisfaire ma curiosité, mais à un petit autel de marbre blanc, se détachant avec ses quatre colonnades, un prêtre parisien commençait la sienne, je m'approche, il consacre une hostie pour moi et j'ai pu recevoir ainsi le pain des forts pour notre fatigante journée.

En courant, je retourne à notre hôtel au milieu d'une poussière qui compte, et ceci m'explique les nombreux cireurs de l'Orient avec leurs quantités de petits pots aux couleurs variées suivant celle des chaussures. Je prends vite le petit déjeuner composé du fameux café de l'Orient, que je n'apprécie pas, attendu qu'on mange autant qu'on boit, de confitures exquises et d'un fromage que je n'ai pas goûté.

On nous appelle pour aller aux ruines et quand les deux cents personnes sont réunies devant la grille, nous entrons, mais pour rester écrasés, c'est une façon de parler, devant les énormes colonnes de granit rose et les assises qui les soutiennent.

Quand on pense surtout que ces blocs de marbre viennent de la Haute-Egypte, on se demande comment on a pu les transporter. Quels moyens avaient-ils, ces Phéniciens, ces Romains, ces Arabes pour manier des masses pareilles. C'est effrayant, si on songe qu'on ne devait y parvenir que le fouet à la main pour faire marcher les troupeaux d'esclaves chargés d'élever des temples pareils.

Héliopolis occupait tous les jardins qui sont dans la vallée au pied de ce qui était le temple du Soleil.

Les empereurs romains voulant le faire aussi beau que possible et surtout grandiose, avaient d'abord élevé trois assises de pierres énormes, une terrasse large de plusieurs mètres était autour du temple dont les merveilleuses colonnes s'élevaient à une hauteur prodigieuse. Les chapelles intérieures étaient un véritable fouilli de sculptures qui rappellerait le genre Arabe. On voit que les artistes s'étaient inspirés de l'Orient. Un certain petit amour cueillant des raisins avec guirlandes de feuilles est à croquer.

Du temple du Soleil on allait au Parthénon, dans lequel chaque Dieu avait son autel, puis venaient le temple de Mercure et celui de Jupiter. Malheureusement les Arabes survinrent et prirent les pierres des temples pour faire des bains et des fortifications. Mais déjà l'empereur Constantin avait transformé les temples en une vaste église.

Et de tout cela il ne reste que des ruines que nous ne pourrions même pas admirer, si les Allemands n'étaient venus les déblayer en leur rendant un peu de leur état primitif. Aux ruines majestueuses, dignes du soleil qui les éclaire, nous disons adieu après la photographie des pèlerins prise à leur pied et nous franchissons un ruisseau pour contempler trois énormes pierres qui nous écrasent par leur volume rien qu'en les regardant. Concluons : le proverbe a raison de dire : « Un travail de romains. »

On regagne la gare, un petit bonhomme me porte mon bagage et nos wagons conquis, ce qui n'est pas une petite affaire, on fait connaissance avec ses voisins ou voisines, ce qui permettra de connaître les deux cents pèlerins d'ici la fin du voyage.

L'arrêt pour le déjeuner a lieu au buffet de *Rayac* où notre beau tapage nous suit, et nous continuons ensuite notre route vers la perle de l'Orient, au milieu d'une véritable oasis dans laquelle coule une rivière qui fait pousser de minces peupliers destinés aux toitures des maisons bédouines. On voit aussi des arbres fruitiers de tous les genres, mais surtout des cognassiers, des grenadiers et des poivriers. C'est charmant de quitter la poussière et la sécheresse pour courir dans cette verdure à l'aide de la vapeur.

Damas

20 septembre

Enfin nous arrivons à Damas et, par une délicate attention, comme nous sommes partagés en trois hôtels, les cochers de nos voitures pour se faire reconnaître ont des nœuds ou bleus, ou blancs, ou rouges, les trois couleurs de la France.

Damas est une très belle ville (nous disent les indigènes), mais pour nous, étrangers, c'est toujours la sale ville de l'Orient avec son aspect étrange et amusant. Une petite nuance se constate cependant dans les détails.

Si les Turcs à Constantinople, ont le « Passe-Temps » pour passer le temps, ici ils ont le narguilé ou narghileh, et vous voyez sur les trottoirs des files de petits tabourets en paille sur lesquels sont assis tous les types plus déguenillés les uns que les autres et aspirant avec béatitude l'odorante fumée.

Tandis qu'à Constantinople des files de petits ânes paraissant à chaque pas, à Damas ce sont les chameaux.

Quant aux bazars, ils ont cela de différent avec ceux de Constantinople et de Beyrouth, c'est qu'ils sont sous des voûtes très larges, les unes en maçonnerie, ce qui donne une odeur de moisi fort désagréable mélangée avec les autres, quelques-uns en bois, mais sans peintures.

A Damas les femmes ont la mantille noire ou le voile blanc.

Beaucoup de cafés, souvent en plein air, avec des rangées de sophas.

Notre hôtel de l'Orient est construit à la mode orientale, ce qui fait mes délices. Cour intérieure avec plantes et jet d'eau, galerie tout autour sur laquelle ouvrent les chambres, tapis turcs partout. Mais c'est le salon surtout qui a tout le cachet du pays avec ses divans rouges, bleus et grenats, ses guéridons ouvragés et inscrutés portant la soucoupe et les allumettes pour les cigarettes. Ceci est pour satisfaire la partie *touristique*, comme le disait un jour notre admirable directeur le P. Gerbier. Quant à la partie pieuse, elle a commencé par la sainte messe à laquelle nous sommes allés en voiture, le trajet étant de vingt minutes. Elle était célébrée dans la maison d'Ananie. A part deux couvents, c'est tout ce que l'on a eu fait d'église à Damas, aussi ai-je été bien attrapée quand j'ai voulu aller dire mon chapelet le soir de notre arrivée. Et comme j'ai remercié le bon Dieu d'avoir cette chère maison de la prière à chaque pas dans notre beau pays de France.

En sortant de la maison d'Ananie, qui nous rappelle le souvenir de saint Paul terrassé par la voix de Dieu sur la route de Damas, nous passons devant celle de Jude et nous allons prendre des forces chez les bons Pères Lazaristes.

Les voitures viennent nous reprendre et nous faisons des bonds dans nos équipages, tant les rues sont bien pavées pour aller visiter la mosquée des Omniades.

Spectacle cocasse, il faut se déchausser. Je fais semblant, au bout de deux pas je renfile mes chaussures sans que personne me remarque, mais le coup d'œil de ces deux cents personnes portant leurs souliers poussiéreux ou traînant des babouches est très amusant.

Cette mosquée est moins belle que celle de Sainte-Sophie, c'était une église avec trois nefs et comme elle avait été brûlée on la refait, on la redécore pourrait-on dire, en ce moment.

Sur les nattes de paille nous voyons des tapis partout. Le vendredi étant le jour de prières pour les musulmans, deux minutes après notre passage, nous dit notre guide, la mosquée sera pleine.

Dans la journée, nous faisons une superbe promenade en dehors de Damas pour voir l'aspect de la ville. C'est bien une perle enchâssée dans l'émeraude de ses rives fleuries. J'inaugure mon manteau blanc qui donne de faux airs d'orientale, le fameux Schlam des Bédouins.

Bénédiction chez les Pères Jésuites et visite à la maison de saint Jean Damascène.

Quelle chose merveilleuse que l'œuvre des premiers apôtres allant prêcher l'Evangile à toutes les nations. Chez tous les peuples on retrouve cette divine semence et malgré le fanatisme des religions qui sont venues après, malgré les batailles, malgré l'oppression, malgré les ruines, cette belle morale du Christ vit toujours.

Qu'avons-nous vu encore? Des paquets de cannes à sucre, semblables à nos roseaux de Provence quand ils poussent ; seulement elle est énorme et violacée.

De petits chevaux arabes et des ânes tout blancs, ce sont du reste ces admirables chevaux qui nous conduisent sans fatigue par tous les chemins.

Il est très amusant de voir sur les chameaux des familles entières : Père, mère, enfant ; cela fait penser à la sainte famille.

On annonce la messe demain matin pour 5 heures, je pense que je pourrai faire cette divine et pieuse équipée.

Il me revient un souvenir que je veux vite noter, c'est le mot d'un sultan disant : Ce ne sont pas les baïonnettes que je crains, mais les cornettes des religieuses. Et comme nous étions à Beyrouth chez les sœurs de Saint-Vincent de Paul, quand le Père nous a cité ce mot, on a applaudi de tout cœur les bonnes sœurs.

La façon d'arroser les routes à Damas que les orientaux appellent Damasse, est très amusante. Un bédouin a sur son dos une grosse outre pleine d'eau et il en presse un bout comme on le ferait d'une manche d'arrosage.

Dès l'aube matinale huit dames se lèvent pour aller à la messe de 5 heures dite à une demi-heure de là et nous partons sous la conduite du Père Gerbier. Des troupes de chiens nous accueillent à notre passage par des aboiements furieux, mais cette promenade dans les bazars déserts à cette heure est charmante quand même ; quand on va recevoir le bon Dieu, on est si heureux ! Au retour, déjeuner à l'hôtel et départ en voiture pour la gare qui est à trois quarts d'heure de là.

Petite déception en arrivant, quand on apprend aux personnes des secondes qu'elles n'auront que des wagons de troisième sans rideaux, et comme le soleil brille d'un bel éclat, on gémit un peu. Enfin tout s'arrange ; tous les manteaux sont suspendus et étalés, le mien tout blanc fait merveille, et nos compartiments ont tout à fait l'air d'un intérieur de marchand de guenilles. Mais il fait frais, c'est l'important, surtout sur la plate-forme d'où l'on peut admirer cette magnifique ligne du chemin de fer qui nous conduit d'une hauteur de 2800 mètres au-dessus du niveau de la mer à 280 au-dessous. Les beautés de cette route sont vraiment merveilleuses. La pente est adoucie par des contours qui nous font passer sur un cours d'eau bordé de lauriers-roses, de tamaris et de roseaux. Aussi après avoir employé ma matinée à lire ou à travailler, je passe la journée à contempler la belle nature et à me faire venter sur la passerelle.

Tibériade

22 septembre

Et c'est ainsi, que dégringolant toujours nous arrivons jusqu'au beau lac de Tibériade, mais il faut s'embarquer, ce qui n'est pas une petite affaire, les autres embarquements n'étaient qu'un jeu à côté de celui-là.

Une dame demande une voiture, et chacun contemple avec effroi le saut de carpe qu'il faut opérer pour tomber du ponton dans les barques, vraiment ces braves gens ne sont pas pratiques.

Enfin chacun se résigne, on s'assied, les bateliers nous prennent dans leurs bras, plus ou moins tendrement. A mesure que les paquets et les dix personnes tombent dans les barques, ce sont de nouveaux cris, de nouvelles éclaboussures et des rires.

Les vingt barques glissent sur l'eau, et nos bateliers, vrais descendants des apôtres nous font enrager comme ils l'ont fait souvent pour Notre-Seigneur dont ils exerçaient la patience. Ils n'écoutent rien, ne comprennent rien et veulent sans cesse se dépasser. Enfin le calme se fait, on cargue les voiles, la lune se lève lentement argentant le lac plein des souvenirs divins, si poétique, avec sa ceinture de montagnes roses, mauves ou bleues et nous voguons comme des mouettes blanches dans cette soirée inoubliable qui marque notre arrivée en terre sainte.

Le débarquement fait, on va de suite à l'église baiser le sol sacré, bénédiction, dîner et coucher, tel est la fin de cette journée magnifique dans tous les genres. Le lendemain levé dès l'aurore, c'est le programme habituel, messe du pèlerinage et départ en barque pour Capharnaüm.

Capharnaüm

Le temps est un peu chaud, mais très supportable, comme depuis notre départ, tant il est vrai que le bon Dieu, sa sainte mère et les âmes du purgatoire ne cessent de nous protéger.

Dans le cours de l'excursion l'intrépide M. Lardeur voulant ramer, offre un bakchiche à un batelier, qui refuse, il remet sa bourse dans son gilet, mais il se démène si bien en faisant avancer la barque, en ôtant d'abord sa veste, puis son casque, enfin sa cravate et son col, que son porte-monnaie tombe au fond de la mer avec les 18 francs qu'il contenait.

Nos voiles latines s'enflent mollement, car la brise est faible, cependant au bout de deux heures nous abordons à ce pays habité par Jésus durant les trois années de sa vie publique. Que de souvenirs évangéliques? ici la pêche miraculeuse, là-bas, le mont des Béatitudes le plus beau des sermons que nous pourrons jamais entendre. C'est aussi l'apparition de J.-C. à ses apôtres après sa résurrection pour donner à saint Pierre le gouvernement de son Eglise. Sur les bords du lac quelques vestiges des villes célèbres : Magdafa, Bethsaïda, Corazaïn.

Nous descendons pour visiter les ruines d'une synagogue et la maison de saint Pierre. Ce fut là que Jésus révéla pour la première fois le mystère de la sainte Eucharistie.

Au retour déjeuner bruyant et départ mouvementé pour le Thabor.

Mme de Reiset, dont j'ai fait l'aimable connaissance, après être montée sur son cheval en redescend et nous partons au nombre de cent dont vingt dames plus ou moins vaillantes.

Notre caravane défile et fait un très bel effet avec son chef tantôt en tête, tantôt en queue et partout.

Ce bon Père Antonin est superbe sur sa jument blanche, à la queue traînant jusqu'à terre. Son grand manteau blanc, ses bottes jaunes et son kéfié flottant au vent.

La montée commence dans les rochers et les petits chênes coupés de lentisques.

Deux heures passent ainsi, par une chaleur qui aurait été affreuse sans un vent presque violent, et avec tous les incidents de cavaliers et amazones plus ou moins expérimentés. Les jeunes veulent faire de l'effet et passent en galopant, faisant peur aux chevaux des demoiselles timides qui se trouvent parfois au pied de leur monture quand elles devraient être dessus, alors cris du moukre, cris de la dame, encouragements du Père Antonin et continuation de la cavalcade qui s'arrête un instant sous un gros chêne où un goûter copieux est servi. Chacun reprend des forces, et sa monture. Pour mon compte, je suis ravie de ma jument grise qui est très douce et me permet de faire cette ascension de six heures sans la moindre fatigue.

Le Thabor

Nous arrivons au sommet, 800 mètres au-dessus du niveau de la mer, le vent tombe, le soleil se cache, il fait frais et on se laisse bercer par les souvenirs de la Transfiguration de Notre-Seigneur.

Accueil charmant des Bons Pères gardiens de ce lieu béni. Bonne tasse de camomille bouillante, (c'est obligatoire) bénédiction dans la chapelle, belle lune qui se lève et soirée d'applaudissements à nos Pères directeurs pour leur sollicitude.

Enfin nous nous couchons, les samaritains sous des tentes, et nous dans la casa nova pour nous lever suivant notre matineuse habitude à quatre heures du matin. Tout le monde n'a pas la même vaillance, la montée à cheval ayant éprouvé des amazones habituellement intrépides.

Le temps étant très beau, on peut dire la sainte messe dans les ruines de la basilique élevée autrefois par sainte Hélène et qui attenait à un couvent de Bénédictins.

Sur le ciel qui s'aurore, juste au-dessus de l'autel, une étoile brille, celle du berger. C'est la nôtre. A-t-elle voulu me conduire à une transfiguration complète de moi-même, chose que je demande de toute mon âme. Le fait est, que le mot des bonnes sœurs me disant : vous resterez à Jérusalem, prend une autre signification pour moi, et je me laisse aller à ce beau rêve de toute ma vie.

Après la messe, toute pleine de douces émotions, nous repartons à pied (la descente étant très raide) pour reprendre nos montures au bas de la montagne, et vers les neuf heures, notre croisade moderne et pacifique, fait son entrée quatre par quatre dans la charmante ville de Nazareth, telle qu'elle était au temps de la sainte famille.

Nazareth

23 septembre

En procession nous en faisons le tour, vénérant à mesure tous les souvenirs de Jésus enfant, de sa sainte mère et de saint Joseph.

C'est d'abord l'église de l'Annonciation, petite maison où la Vierge a reçu la visite de l'ange Gabriel, suite de grottes, de chambres creusées dans le rocher. De là nous allons à ce qui fut l'atelier de saint Joseph, sur l'autel est un tableau charmant représentant la sainte famille au travail. Et comme un prêtre me faisait observer qu'on pouvait difficilement se représenter Notre-Seigneur dans les enfants que nous rencontrions, j'en vois un, blondin de cinq ans, petite robe serrée à la taille, les pieds nus qui me le montre tel que les artistes le peignent et tel qu'il devait être, c'est-à-dire, le plus beau des enfants des hommes.

Coupant notre procession, deux femmes passent, robe bleue, voile blanc, l'amphore renversée sur la tête, allant à la fontaine, vivantes images de ce que devait être la Vierge parée en plus de sa candeur immaculée. Cette fontaine de la Vierge est restée telle qu'elle était de son vivant, et les femmes qui viennent puiser leur eau et laver leur linge, ont encore le virginal profil et les beaux yeux noirs de notre Mère du Ciel.

Nous nous dirigeons ensuite vers la synagogue où pour la première fois Jésus prit le livre de la main des docteurs pour commenter les prophéties et montrer qu'elles s'étaient accomplies dans sa personne. Elle est bien modeste cette synagogue et comme ces souvenirs rabaissent notre orgueil humain et font penser aux apôtres cherchant toujours comme nous des royaumes terrestres. Plus loin le lieu du précipice dans lequel les juifs irrités voulaient jeter Jésus. En tête de notre procession marche un cawas vêtu à la Turque. Il est superbe, le fez sur la tête, la veste bleue toute brodée d'argent avec longues manches, pantalons bouffants, guêtres bleues galonnées d'argent, canne à pomme d'or dans la main droite et cimeterre au côté. Quant aux habitants ils sont admirables de respect et de silence sur notre passage.

Je passe les églises étrangères que nous visitons et ma bonne chance d'être avec la mère d'un jeune dominicain dans une belle et grande chambre.

Le lendemain départ pour Caïffa en voitures. Elles sont très bonnes, trois sièges l'un devant l'autre et rideaux de toile grise tout autour.

Nous traversons de grands champs de blé. Il y a des meules énormes. Un cheval attelé à une planche, un homme debout pour faire poids se chargent de briser les épis.

Quand un grand tas est ainsi transformé un homme monte dessus et avec le fléau il fait voler la paille ; c'est tout-à-fait primitif, et quand on voit de grands troupeaux de bœufs noirs tachetés de blanc, des chèvres et des moutons, des vignes dont les troncs énormes traînent à terre faisant charmille aux raisins, on 'a le tableau de la vie des patriarches et parfois celui d'une scène évangélique quand un berger vient prendre sur ses épaules, (comme nous l'avons vu) une brebis égarée pour la ramener au troupeau, ou quand un autre fait faire la bascule à une branche d'arbre accrochée à trois autres pour plonger son seau dans un trou plein d'eau. Ce sont des puits naturels qui se trouvent ainsi à chaque pas et rendent la contrée aussi fertile. Comme on comprend les exemples pris par N.-S. au milieu de cette vie des champs et qu'il ferait bon commenter les Evangiles pour le peuple, en expliquant le pourquoi des comparaisons.

Mais il faut quitter la plaine, nous traversons des montagnes, elles se boisent et nous sommes dans une forêt de chênes, où nos bons Pères, renouvelant les miracles du Maître dont ils sont les imitateurs, nous offrent un déjeuner rafraîchissant. Mes amis me gâtent en m'apportant tout dans notre voiture, il y a surtout un certain petit verre de liqueur qui fait mon affaire. J'use et j'abuse du privilège de l'âge en me laissant servir, ce qui ne m'arrive pas dans ma ville natale, où chacun me croît toujours à mes dix-huit printemps, (de dos).

Caïffa et Mont-Carmel

Nos chevaux ayant été aussi rafraichis nous nous élevons sur cette belle montagne qui domine la mer, après avoir traversé Caïffa coquettement située le long des flots bleus et semée de beaux palmiers qui lui font une jolie ceinture verte. Le Mont-Carmel se dresse au loin évoquant la vision prophétique d'Elie annonçant qu'une vierge serait la Mère de Dieu. Partout des drapeaux rouges ornés du croissant et de l'étoile du Sultan, partout des arcs de triomphe et des branches de palmier pour fêter la naissance de Mahomet. Lorsque nous redescendons du Mont-Carmel après un joyeux déjeuner honoré de la présence du cher commandant de l'*Etoile* qui est dans la rade, du Consul de France et du Patriarche de Jérusalem (que nous allons ramener ainsi que plusieurs religieux et religieuses) nous trouvons la petite ville en grande émotion : le domestique ou secrétaire du Consul d'Italie a été assassiné dans la nuit même.

Toute la famille de l'assassin a été arrêtée : dans ce pays on n'y va pas par quatre chemins.

Nos bateliers se sont mis en grève ce qui retarde notre embarquement car trois barques seulement font le service. De plus, Mme Dubuc, une canadienne, effrayée par la chute d'un cheval de sa voiture tombé les quatre fers en l'air, a voulu sauter et s'est luxé le genou. Il lui faudra du repos. Saint Louis, roi de France fit naufrage au pied du Mont-Carmel et Bonaparte vit massacrer les débris de son armée en 1799. Une pyramide marque ce souvenir.

S'ils ne nous donnaient pas des émotions nos bruyants bateliers avec leurs coups de rame qui nous font faire des sauts de carpe, cette traversée serait charmante, tous les bateaux étant illuminés pour la Noël des Musulmans.

Ils doivent croire que notre *Etoile* l'est aussi dans le même but tandis qu'elle fête notre heureux retour.

Quelques personnes sont cependant un peu éprouvées : une s'est foulée le pied en descendant de cheval, une autre écorchée la jambe à Tibériade, enfin beaucoup d'autres ont la maladie de la chaleur. L'*Etoile*, notre chère maison mouvante nous repose un peu et la pensée d'être à Jérusalem le lendemain ranime tous les cœurs. Dès le matin, branle-bas général pour préparer les valises, messe matinale, déjeuner à la hâte et coup de canon dès que nous sommes en vue de Jaffa, qui passe pour être l'une des plus anciennes villes du monde. On lit dans la Genèse que Noé y construisit l'arche.

Jaffa

25 septembre

Descente dans les barques, passage des écueils, très dangereux, quand la mer est mauvaise, au chant des cantiques et débarquement au milieu de l'encombrement des paquets, des chameaux agenouillés et des passants.

Une bonne sœur me fait signe et je monte dans sa voiture pour aller à la gare, seulement je manque ainsi la visite de la maison de Simon, le corroyeur, qui me le pardonnera. Ce n'est qu'une laide masure, paraît-il.

Nous prenons le chemin de fer qui doit nous conduire à la Jérusalem terrestre, le but de notre voyage.

Vraiment le progrès est une belle chose et si, nous perdons en couleur locale nous gagnons en agrément, car la route après avoir traversé d'immenses plaines d'orangers coupées par quelques palmiers, devient très aride, plate, sèche, une véritable Arabie Pétrée ; et c'est ainsi que nous abordons à Jérusalem.

O cité sainte, arrêtons-nous un instant avant d'entrer dans ton enceinte et dis-nous ce que tu étais...

Autrefois

Jérusalem fut fondée l'an du monde 2023 par le grand prêtre Melchisédech, il la nomma Salem, c'est-à-dire la Paix, elle n'occupait alors que les deux montagnes de Mora et d'Acra. Cinquante ans après sa fondation, elle fut prise par les Jébuséens, descendants de Jébus fils de Chanaan, qui bâtirent sur le mont Sion une forteresse à laquelle ils donnèrent le nom de leur père Jébus. La ville prit alors le nom de Jérusalem, ce qui signifie : Vision de la Paix. Toute l'Ecriture en fait un magnifique éloge.

Huit cent vingt-quatre ans après, David fit augmenter la forteresse de Jébus et lui donna son propre nom. Salomon augmenta la Cité sainte et fit élever le temple dont les historiens racontent des merveilles et pour lequel il composa de si beaux cantiques. Nous passons toutes les autres transformations jusqu'après la mort d'Agrippa.

La Judée fut alors réduite en province romaine. Les Juifs s'étant révoltés contre leurs maîtres, Titus assiégea et prit Jérusalem et alors commença, depuis le 14 avril jusqu'au 1er juillet de l'an 71 de notre ère un affreux massacre et des supplices dans tous les genres. Les Juifs qui n'avaient pas atteint l'âge de dix-sept ans furent mis à l'encan avec les femmes, et on en donnait trente pour un denier. Le sang du

Juste avait été vendu trente deniers à Jérusalem et le peuple avait crié: *Sanguis ejus super nos et super filios nostros.*

Dieu entendit ce vœu des Juifs et pour la dernière fois il exauça leur prière : après quoi, il détourna ses regards de la terre promise et choisit un nouveau peuple.

Le temple fut brûlé trente-huit ans après la mort de Notre-Seigneur de sorte qu'un grand nombre de ceux qui avaient entendu la prédiction du Sauveur la virent s'accomplir.

Nous défierions l'imagination la moins religieuse de ne pas être émue à cette rencontre de tant de peuples au tombeau de J.-C., à ces prières prononcées dans cent langages divers, au lieu même où les apôtres reçurent du Saint-Esprit le don de parler toutes les langues.

« Des mains levées vers le ciel, dit Bossuet, enfoncent plus de bataillons que des mains armées de javelots. »

Et tandis que la nouvelle Jérusalem sort ainsi du désert brillante de clarté, un petit peuple séparé du reste des habitants, vit, la tête baissée, sans se plaindre de toutes les avanies dont il souffre : ce qu'il faisait il y a cinq mille ans, il le fait encore.

Il a assisté dix-sept fois à la ruine de Jérusalem et rien ne peut l'empêcher de tourner ses regards vers

Sion. Les Perses, les Grecs, les Romains ont disparu de la terre, et les Juifs qui les ont précédé, restent toujours. N'est-ce pas un miracle ?

Ainsi se rencontrent l'antique et la nouvelle Jérusalem au pied même du Calvaire.

Jérusalem

25 septembre

Jérusalem ! comment faut-il chanter pour te dépeindre.

Jérusalem est bâtie sur trois collines principales : Sion la plus élevée, Aira la basse ville, et Moria ou colline du temple, situation qui en fait une ville exceptionnelle, même après sa destruction de fond en comble.

On sent que quelque chose de grand s'est passé dans ses remparts, et si ce ne sont pas ceux du temps de Notre-Seigneur, du moins en sont-ils la copie. Ils escaladent les rochers à pic, ils s'allongent, se contournent, descendent, entourant la ville de leur ceinture, et partout ils dressent leurs têtes crénelées, percées de portes et coupées par de nombreuses tours.

A peine notre installation faite dans notre beau couvent de Notre-Dame de France, nous nous mettons en procession comme à Nazareth pour aller à la basilique du Saint-Sépulcre, le drapeau Français et la

bannière de pénitence à notre tête. La bannière entre,
mais aucun drapeau. C'est toujours la même population respectueuse qui nous regarde passer, et même
la voiture du Consul d'Italie s'arrête pour nous laisser défiler.

Il fait très sombre quand nous entrons, et ces grands
murs en pierres noires font songer aux croisés venant
conquérir le tombeau du Christ. En entrant, nous bai-
sons d'abord la pierre de l'onction où le corps de
Jésus fut étendu pour être oint de myrrhe et
d'aloès.

Puis, en tournant à gauche, nous arrivons devant
l'édicule qui renferme le Saint-Sépulcre : la chapelle
de l'ange et le tombeau, des lampes nombreuses brû-
lent devant la porte. Nous entrons les uns après les
autres en nous baissant, tant l'entrée est basse et
petite.

Des Grecs chantent leur office et nous font vite
défiler, tandis que les Turcs gardent le tombeau.

Qu'il fait bon s'agenouiller là et remercier ce Jésus
qui a voulu, dès le commencement de sa vie publique,
et dès son arrivée dans le monde jusqu'à sa mort sur
la croix, et maintenant pour la garde de son tombeau,
appeler tous les peuples à lui. L'édicule du Saint-
Sépulcre s'élève sous une coupole comme le Panthéon
à Rome et ne reçoit le jour que par un dôme. Seize
colonnes de marbre ornent le pourtour de cette
rotonde, elles soutiennent en décrivant dix-sept arca-

des une galerie supérieure également composée de seize colonnes et de dix-sept arcades.

La basilique se compose de plusieurs parties parce qu'elle abrite le Calvaire, le Saint-Sépulcre et la chapelle de l'invention de la sainte Croix. Dès l'entrée, à droite, le Calvaire où l'on monte par un escalier de dix-huit marches. Là se trouvent trois autels. Celui de Notre-Dame des Sept-Douleurs occupe l'endroit où la Vierge était debout avec saint Jean, celui des outrages et puis le Calvaire. On voit le trou de la croix et la fente du rocher que l'on peut suivre jusqu'au sol de la basilique. Que faut-il de plus pour notre piété et ne pourrons-nous pas nous représenter la scène douloureuse du crucifiement aussi bien dans cette église, que si nous étions en plein air.

C'est l'Evangile à la main que l'on doit parcourir la Terre-Sainte et surtout le cœur rempli de sa miséricorde et de son amour.

Mais continuons notre visite aux souvenirs douloureux.

Tout autour sont : les chapelles de l'Apparition, quand Jésus ressuscité apparut à sa Mère. Celle de sainte Marie-Madeleine, quand Jésus se présenta sous l'aspect d'un jardinier. Puis la chapelle de saint Longin, qui perça le côté du Sauveur et se convertit, à la vue des miracles qui accompagnèrent la mort du Christ.

La chapelle de la division des vêtements, la chapelle Abyssinienne de sainte Hélène, enfin la chapelle Franciscaine de l'Invention de la sainte croix, dans laquelle les trois croix furent jetées : ce fut un miracle qui fit reconnaître à sainte Hélène celle du Sauveur.

Tout près, la prison de Notre-Seigneur où il fut enfermé tandis qu'on achevait les apprêts du supplice.

A quelques pas, l'autel de la Colonne de la Flagellation.

Devant l'édicule est un espace pour les latins, où les chantres se placent pendant la grand'messe et derrière le splendide chœur, appartenant aux Grecs, une rosace marque le point qui, disent-ils, serait le centre du monde ; les Grecs, les Arméniens et les Latins se disputent l'honneur d'entretenir et d'orner le Saint-Sépulcre. Les jours de fête les trois sacristains se trouvent réunis, tandis que dans la semaine ils ont chacun leur jour. De là, des disputes mémorables.

Après la messe, visite à la vallée de Josaphat et au tombeau de la Sainte Vierge dans la basilique dite de l'Assomption. Que de souvenirs dans cette vallée : Voici le chemin suivi par Notre-Seigneur quand il entrait en triomphe à Jérusalem par la porte Dorée, murée par les Musulmans, parce que, disaient-ils, les Francs s'empareront de Jérusalem en entrant par cette porte. Au fond de la vallée, le torrent de Cédron, de l'autre côté, le Mont des Oliviers, et en face du temple le lieu où Jésus a pleuré sur la ville coupable.

Et c'est ainsi que tous les souvenirs poignants de la Passion se présentent à nos yeux pour toucher nos cœurs.

Dans la journée, superbe promenade à Saint-Jean in Montana ou Aïn Karim, lieu de naissance de saint Jean, et dans la montagne, petite maison qui a reçu la visite de la Vierge allant voir sa cousine Elisabeth. Là nous retrouvons le joli type des femmes de Nazareth et le même costume. C'est quand on a fait en chemin de fer et en voiture le trajet de Nazareth à Jérusalem, que l'on comprend les fatigues d'un tel voyage pour celle qui portait le divin enfant.

Visite aux dames de Sion. Une véritable oasis que leur couvent où l'on nous reçoit avec des rafraîchissements, des fleurs de cassis, des graines de plantes et des cantates chantées par les enfants, l'une est en Français, l'autre en Arabe et toutes les deux pleines d'une suave mélodie.

Bénédiction et goûter chez les Pères Franciscains. Au retour on écrit, et chacun se plonge dans sa correspondance, ce qui fait un silence en grand contraste avec les bruyantes heures des repas agrémentés chaque soir par une surprise nouvelle.

Le premier jour, une cantate fort bien exécutée par les jeunes frères, et, ce soir, une croix lumineuse avec le *Crux Ave* entonné par tout le monde, car demain nous allons faire le beau chemin de Croix en suivant la voix douloureuse.

— Voici notre troisième journée à Jérusalem. Elles sont si bien comprises qu'elles passent par enchantement, d'autant plus qu'elles sont toutes pour Dieu, ne laissant jamais de vide dans l'âme.

Messe ce matin au couvent des Dames de Sion où la famille Décormis de Marseille m'avait annoncée, ce qui m'a valu une place à la table d'honneur et une bonne visite dans tout le couvent avec la supérieure.

Que de lépreux sur notre route et qu'il est triste d'entendre leurs voix plaintives, là encore se retrouve cette malédiction de Notre-Seigneur et il faut venir à Jérusalem pour comprendre qu'il n'a jamais maudit en vain.

Rotschild a, paraît-il, acheté du terrain pour permettre aux Juifs fidèles à leurs prophètes, de se faire enterrer à Jérusalem. Si les Turcs valent beaucoup mieux que leur réputation, il n'en est pas de même des Juifs qui sont bien ce qu'on nous les représente et ne semblent pas s'améliorer.

Chez les Dames de Sion, à Montana, nous avons vu la chambre dans laquelle est mort le R. P. de Ratisbonne, leur fondateur, et celui de tant d'autres œuvres créées à Jérusalem. Voilà un Juif bien revenu au Christ, puisse-t-il de là-haut ramener ses coréligionnaires.

Vendredi 27 septembre

Grande journée employée à faire le chemin de la

Croix. C'est une des plus touchantes cérémonies et elle nous aidera plus tard à le faire plus pieusement dans nos paroisses, en nous reportant par le souvenir aux diverses stations de la voie douloureuse parcourues par notre Sauveur.

Le Franciscain chargé de nous prêcher, n'a pas cherché à nous émouvoir, mais à nous montrer tous nos torts envers le divin maître mort par amour pour nous, et toutes les leçons que nous pouvions tirer de ses souffrances. Comme le mouvement continue dans les rues de Jérusalem, et qu'on ne peut empêcher la foule de causer, on revoit toute la scène douloureuse. La grande croix péniblement portée par trente messieurs ou prêtres, rappelle celle du divin Maître. Et l'on cherche dans le soleil couchant, la croix de Jésus s'élevant entre le ciel et la terre et lui-même cloué, sanglant, rendant son âme à Dieu dans un sublime pardon et dans un ineffable amour.

Cette Jérusalem, comme on s'y attache! cela est vraiment étrange.

La première station de notre beau chemin de croix se fait dans l'ancien palais de Pilate devenu une caserne Turque. L'arc de l'*Ecce-Homo* rappelle la parole du gouverneur.

Deuxième station près de la chapelle de la Flagellation là où était la *Scala Santa*, escalier que monta Jésus en l'arrosant de son sang et qui est maintenant à Rome.

Troisième station marquée par une colonne brisée, image de la première chute du Sauveur.

Quatrième station au lieu où était l'église de Notre-Dame du Spasme, en reconstruction. De la quatrième à la cinquième on passe devant la maison du mauvais riche.

Cinquième station. Celle où les Juifs contraignirent Simon à porter la croix de Jésus.

Sixième station, devant la maison de sainte Véronique. Septième station à 60 mètres près de la porte judiciaire, lieu où Notre-Seigneur tomba pour la seconde fois.

Huitième station, au pied du mur d'un couvent grec non uni, Jésus consola les filles de Jérusalem. Neuvième station, pour laquelle il faut faire un long détour, passant sous les voûtes des échoppes de marchands, montant un escalier on arrive enfin dans une longue impasse où Jésus tomba pour la troisième fois.

Dixième station, on entre au Saint-Sépulcre, devant l'autel du Crucifiement, où Jésus fut dépouillé de ses vêtements.

Onzième station devant le même autel encore, Jésus fut cloué sur la croix.

Douzième station devant l'autel de la Plantation de la Croix. Jésus meurt sur la Croix.

La treizième station, où Jésus fut détaché de la Croix, est marquée par l'autel du *Stabat Mater* ou de la Compassion entre les deux, dont nous venons de parler.

Quatorzième station, on descend les dix-neuf marches pour aller à la pierre de l'Onction que l'on baise en souvenir de l'embaumement du Sauveur par Joseph d'Arimathie et Nicodème et l'on arrive au tombeau où se termine le chemin de la Croix. Après le chemin de la Croix plusieurs de nos pèlerins se sont rendus au Mur des pleurs et des lamentations. Je n'y suis pas allée, mais voici ce qu'ils nous ont raconté.

Les uns sont accroupis, les autres, la face collée contre la muraille, la couvrent de baisers et de larmes. Quelques juifs sont couverts de riches costumes, presque tous ont les cheveux plats coupés à l'oreille avec deux boucles.

Ils pleurent la ruine du temple, ou récitent les lamentations de Jérémie.

Il semble assez difficile de pleurer toujours sur la ruine d'un temple, aussi ces lamentations semblent-elles forcées et peu dignes d'intérêt. Ils sont malheureusement 10,000 à Jérusalem sur 28 à 30,000 habitants. Quant à leur observance du sabbat, elle est telle que, malgré leur amour de l'argent, ils refusent tout paiement ce jour-là, à ce que me racontait une religieuse qui s'était amusée à essayer d'en fléchir un, mais sans réussir.

Nos samaritains sont revenus, et l'abbé Mazel vient

de me dire que malgré une chaleur de 40 degrés à l'ombre, il n'était pas mort. Nous aurons sans doute ce soir des détails sur leur voyage.

Le costume des femmes de ce pays m'enchante, ou celui de la Vierge que j'ai déjà dépeint si joli dans sa gracieuse simplicité biblique, ou le Charchaff des musulmanes : grand manteau blanc en calicot, froncé à la taille et revenant sur la tête qu'il encadre à ravir, les Turques savent le draper avec une grâce charmante et quand le vent s'y engouffre, on dirait une voile qui se gonfle.

Tout un groupe était au tombeau du Christ quand nous sommes entrés au Saint-Sépulcre et, avec leurs beaux yeux noirs, elles faisaient un véritable tableau.

Ce matin samedi, nous avons eu enfin notre messe au Saint-Sépulcre, les Grecs tenant notre place pendant deux jours et faisant grande fête, nous n'avions pas pu y aller.

Qu'il faisait bon, tous réunis là, de demander à Jésus d'ensevelir le vieil homme dans son tombeau pour en ressortir un homme nouveau.

Il va être deux heures et demie et nous allons aller à la mosquée d'Omar, l'ancien temple de Salomon.

A notre arrivée la prière n'étant pas terminée nous attendons en procédant à la cérémonie des babouches qui sont ici un simple chausson de toile, prétexte, je crois, pour nous extorquer quatre mételliques.

Cette mosquée est splendide par les merveilleux

effets de lumières produits avec la combinaison des verres coloriés qui forment vitraux et font une clarté douce et mystérieuse.

Quand on nous laisse entrer, nous voyons des Turcs assis à la turque, dont un, le professeur, donne une leçon, expliquant le Coran à une vingtaine d'autres accroupis par terre.

Sont-ils curieux, ces braves Mahométans, de nous montrer une petite niche dans laquelle serait la trace d'un pied de Jésus, dans une autre, trois poils de la barbe de Mahomet, enfin dans un autre endroit à l'entrée, trois clous dorés. Quand ils disparaîtront le monde sera fini, et si on donne un métellique, on va droit au Paradis.

Sur le mont Moriah on placerait le sacrifice d'Abraham, et le rocher lui-même formait le milieu du temple de Salomon, devenu la mosquée d'Omar. Les versets du Coran gravés en lettres d'or s'étalent sous de gracieuses arabesques. Faisant face à la Mecque est le Mihrab où les Musulmans viennent prier et qu'on retrouve dans toutes les mosquées. Tout autour du temple on voit encore les divers parvis : celui des gentils, celui des Juifs et celui des Prêtres se terminant par les remparts et la fameuse porte Dorée.

Sous la mosquée nous allons admirer les écuries de Salomon qui portent ce nom, on ne sait pourquoi, n'ayant jamais servi à cet usage, sauf à l'époque des croisades.

A côté de la belle mosquée d'Omar on visite celle de El-Aksa. Sept nefs s'il vous plaît sans un seul ornement, sauf la coupole.

Et comme nous formions le souhait de voir cette belle église consacrée à notre Dieu, les Pères Blancs qui nous accompagnent nous apprennent que les terrains sacrés ne peuvent être vendus par le Pacha sous peine de voir les tribus arriver et se mettre en révolte. Cette mosquée fut le temple de la Vierge qui l'habita jusqu'à l'âge de quatorze ans.

Nous remarquons deux colonnes en marbre entre lesquelles on devait passer pour aller au Paradis ; mais un Pacha un peu gros ayant été étouffé, on a mis un ornement en fer pour empêcher d'en faire l'essai.

Ce qui prouve que le Paradis n'est pas chose facile à conquérir puisque l'entrée en est si étroite.

Dimanche

Ce matin grand'messe chez les Pères Dominicains qui ont mis vingt ans à se construire un splendide couvent.

Après la France, c'est l'étranger qui hérite de l'amour des religieux pour les belles constructions, et Jérusalem en particulier va devenir la réunion de tous les ordres réguliers chassés de France et assez riches pour se payer de belles demeures.

Aussi quand on monte sur les terrasses de Notre-Dame de France, ne voit-on que belles bâtisses avec clochers et clochetons surmontés du drapeau de la France. Ne dirait-on pas une autre France, celle de la prière, venant chanter les louanges de Dieu sur le lieu de son agonie, tant il est vrai que de la mort naît la vie, surtout une vie nouvelle.

Est-elle la bonne, celle que le Christ voulait pour ses apôtres ? L'avenir nous l'apprendra.

A notre grand'messe, dans l'église élevée à la place même du martyre de saint Etienne, assistait le Consul de France, sa femme, le Vice-Consul et le Secrétaire, spectacle fait pour réjouir nos cœurs de catholiques et de Français.

De l'ancienne basilique, il reste encore des mosaïques qui ont été conservées sur le sol. Le sermon, prêché par un Dominicain a été fort beau, sur nos dettes à payer à Dieu et au prochain, et comment notre religion ne consistait pas seulement à prêcher l'Evangile, mais à en faire connaître l'essence même qui est l'amour des uns pour les autres.

Eh bien, on peut constater qu'un pèlerinage a cela de très bon, c'est qu'il unit tous les cœurs de toutes les nations du monde dans une commune prière.

Après le déjeuner visite aux tombeaux des martyrs et des rois. Ce sont de grands caveaux ou des grottes, et sur des lits taillés dans le rocher on étendait les corps embaumés. Une sorte de turban de pierre recevait la tête, et quand le corps était complètement désséché, les ossements étaient placés en dessous dans une cavité.

A Jérusalem comme à Rome, on ne peut faire un pas sans fouler une terre arrosée par le sang des martyrs.

A une heure, visite au musée de notre couvent renfermant une foule de choses intéressantes et surtout les deux plans en relief du Saint-Sépulcre actuel et des lieux tels qu'ils étaient au moment de la mort du Christ.

Tous les rochers ont été coupés et le jardin de Joseph d'Arimathie, qui séparait le tombeau du calvaire, est occupé par l'église actuelle.

Sur ce même plan en miniature on voit la meule qui se roulait devant les tombes pour les fermer, ce qui explique cette parole de Madeleine disant : qui donc ôtera ou pourra rouler la pierre du Sépulcre.

Dans ce même musée, nous avons vu des ossuaires, petits coffrets, d'un mètre ou deux, en pierre, et dans lesquels on enfermait les ossements avec la petite lampe et la fiole d'huile pour l'entretenir. Ce qui fait penser aux vierges folles manquant d'huile pour attendre l'époux divin.

Plus loin, un énorme boulet de 40 kilos semblable à ceux qui furent lancés sur Jérusalem, puis des grenades, fameux engins sur lesquels ont gravait le nom de ceux auxquels on les destinait. Or sur une de celles qui sont conservées au musée on lit : Saint-Sépulcre !...

En passant, nous voyons une clochette, comme celles que les Pharisiens pendaient à leur manteau.

Du musée, nous allons tous nous faire photographier sur les marches de Notre-Dame de France. La bannière de pénitence au sommet et le Père directeur au milieu. Espérons qu'elle sera réussie, car ce serait un charmant souvenir de notre beau pèlerinage.

Après la bénédiction à la cathédrale du patriarche de Jérusalem, nous défilons par nos noms en baisant son anneau avec plaisir et respect, il a l'air si bon ! De là, visite à l'église Russe. Malheureusement c'est un dimanche ordinaire, nous ne voyons donc pas les beaux ornements et nous n'entendons qu'une récitation précipitée et monotone coupée par des chants harmonieux sur trois notes tenues et dans trois tons différents. Les *Alleluia* se succèdent ainsi indéfiniment. Mais ce qui est curieux, ce sont les assistants ou assistantes plus nombreuses, comme dans nos églises. Ce sont un tas de vieilles bonnes femmes, figures plates et béates venant s'agenouiller devant toutes les icones pour les baiser et frapper le sol avec leur front en faisant force signes de croix au rebours du nôtre.

Elles apportent un bout de tapis, mettent gravement leurs deux pieds dessus et allez donc, pendant une heure, sans s'arrêter signes de croix et prostrations. Vrai, c'est à vous donner le mal de mer.

L'auteur du *Rayon*, Mlle Reynès était là venant sans doute se documenter pour un nouveau livre. Je lui souhaite de retrouver son rayon, car dans son livre de l'*Ame Celte* elle l'a un peu perdu.

En quittant cette cérémonie nous passons devant un kiosque dans lequel on fait de la musique au milieu d'un square. Comme cela semble étrange et comme on sent que Jérusalem dans quelques années deviendra une ville presque moderne.

Bethléem

30 septembre

Tambourinage à toutes les portes *à 4 heures du matin* (pour changer) et grosse cloche à réveiller les morts.

Je grimpe sur un siège, il est cinq heures, la lune nous donne sa lumière qui disparaît au milieu de gros nuages qu'un soleil d'or vient bientôt percer. Et par une belle route se composant de grandes montées et de non moins grandes descentes nous arrivons à Bethléem après avoir passé devant le tombeau de Rachel.

On descend vite à la grotte pour baiser et révérer ce lieu qui vit naître le petit Jésus. Deux autels marquent la place où il vint au monde et celle où fut son berceau.

Et nous revivons un instant cette nuit de Noël, qui est ce jour là pour nous, pèlerins de passage, car c'est ainsi que nous avons célébré toutes les grandes fêtes de l'année ; le vendredi de la Passion, jour de Pâques, Pentecôte, Assomption de la Sainte Vierge, tout va comme le vent, on n'a pas le temps de respirer et de penser, car il faut regarder en courant et prier de même ; mais on prie si bien ! c'est comme si on mettait les bouchées doubles.

Ce bon Jésus qui est venu pour nous sauver tous, quand on pense qu'il était là, et que, chose touchante, nous sommes *trois* à venir l'adorer et à nous disputer son berceau comme sa tombe : Les Grecs qui ne veulent pas reconnaître le Pape comme chef unique, les Arméniens qui ne reconnaissent pas son humanité, disant qu'il n'a souffert que comme Dieu, et nous les latins qui le veulent tel qu'il a été et tel qu'il nous a appris à l'aimer sous une seule tête, le Pape, successeur de saint Pierre.

Quelle plus belle preuve pourrions-nous trouver de la divinité du Christ ? Qui donc se dispute le tombeau de Mahomet ?

A peine notre messe terminée et notre Jésus dans notre cœur, reposant là comme dans sa crèche, de bois, de pierre ou de paille, suivant les dispositions de chacun, il faut nous sauver pour céder la place aux Arméniens, venant célébrer la leur.

Quant aux Grecs, toujours les premiers partout, ils ont deux autels dans la basilique élevée au-dessus par sainte Hélène sur le premier ils commencent le saint sacrifice et sur le second font la consécration.

Nous allons ensuite déjeuner chez les bons Pères Franciscains que l'on retrouve partout où les lieux saints sont à découvrir, restaurer et conserver. Quel bel ordre ! et si simple, si bon, commençant avec rien, se logeant n'importe comment, et dès que la chose est possible, voilà une *casa nova* qui s'élève pour abriter les pèlerins de Terre-Sainte. Aussi nous félicitons-nous une fois de plus de leur appartenir un peu par le troisième ordre.

Les Arméniens ayant terminé leur cérémonie, nous retournons à la grotte pour prier encore et visiter celle de saint Jérôme, de sainte Paule qui avait fondé un couvent pour les grandes dames Romaines avides de recevoir les enseignements du saint.

Les trois sacristains des trois rites différents viennent changer les veilleuses des centaines de lampes qui veillent toujours ; une se casse, ils se disputent un peu, tandis qu'un Arménien frotte et lave l'étoile qu'on baise au lieu de naissance de Jésus.

Pense-t-il que nous venons de la profaner, peut-être ?

Nous avons ensuite un bon et beau sermon et la

bénédiction dans l'église des Franciscains. Avec nos soixantes prêtres nous ne manquons pas de prédicateurs, mais le Père Gerbier ou Marie-Léopold est toujours celui qui va droit au cœur, puisse-t-il toucher les âmes de tous les pèlerins.

Avant de repartir, petite visite à la chapelle vénérée sous le nom de la goutte de lait, parce que la sainte Vierge en allant en Egypte aurait fait tomber quelques gouttes de son lait à cet endroit.

Les femmes du pays ajoutant grande foi à cette légende, le curé en a fait une chapelle pour les réunions des mères chrétiennes et des enfants de Marie.

Plus loin nous allons voir, le champ des Pasteurs et celui de Booz.

A propos des bergers, un abbé me disait que la date de la naissance de N.-S. était contestée, parce que les bergers ne pouvaient pas être dans les montagnes le 25 décembre en plein hiver. Mais comme m'a fait observer le Père qui nous conduisait, les bergers de la Palestine ne sont pas comme ceux des autres pays. Ils couchent toute l'année dans des grottes qui sont chaudes, et n'ont pas comme les nôtres la saison de ville dans une étable et celle d'été dans les montagnes.

En passant, nous voyons travailler la nacre, qui se changera en chapelets croix ou autres objets sous les doigts de quelques hommes ou enfants simplement accroupis par terre dans une grotte, avec des outils très primitifs. Cela ne ressemble guère à nos fabriques de France.

Retour sans chaleur à onze heures et repos complet jusqu'à 5 heures où la bénédiction nous a tous réunis chez les Dames Réparatrices.

Quel beau costume ! cette robe blanche, ce voile bleu ciel, ce grand manteau à traîne avec grand bord bleu et second voile de tulle faisant transparent, sont d'une élégance faite pour des femmes du monde, ce qu'elles sont du reste.

Leur chapelle est idéale de pureté et d'élégance et c'est ainsi qu'on peut satisfaire tous les genres de piété et adorer là Jésus-Christ roi, ailleurs Jésus enfant, ou pauvre, ou abandonné, ou crucifié ; à chacun de choisir suivant l'appel que Dieu lui fait. Demain à midi et demi, départ pour Jéricho.

Non, ce qu'on écrit de cartes postales autour de moi, c'est fabuleux, et je n'en suis qu'à la sixième, ce qui me laisse le temps de noter nos impressions à tous.

L'arrivée du courrier ne ressemble pas à celui de l'*Etoile,* ici on va tout simplement chercher ses lettres dans une case, tandis que sur le bateau, que d'émotions, quand le Père debout dominant tout le monde, juché sur je ne sais quoi, crie les noms. Alors les mains se tendent, les cœurs battent et les yeux sont humides de bonheur ou de déception.

Nous avons toujours quelques malades ; rhumes,

entorses, bronchites, blessures aux jambes, ce qui nous permet de satisfaire notre charité en visitant ces pauvres pèlerines privées ainsi de visiter les lieux saints et de venir avec nous.

Ayant fait la connaissance d'une charmante jeune femme, Mme Chassoux ; elle a eu l'amabilité de me garder une place à table à côté d'elle et nous causons de tout : littérature, religion, usages et même politique, sujet brûlant sur lequel nous nous entendons parfaitement et qui consiste pour nous, femmes, à être aimables envers tout le monde.

1er octobre

Le pèlerinage commence très bien le saint Rosaire en allant entendre la messe à la chapelle élevée sur la maison de sainte Anne, ce qui m'enchante puisque c'est la patronne de ma chère maman.

Cette église représentant la France, notre Consul y vient en grande tenue avec le Vice-Consul, l'attaché et le secrétaire.

Les Pères Blancs auxquels elle appartient y tenant école, la pension fait la haie, et la musique exécute un morceau à l'arrivée de notre représentant.

C'est à se croire en France, on applaudit mais on ne crie pas : vive M. le Consul. Comme quelqu'un s'en étonnait, je lui fais observer que nous sommes venus pour le bon Dieu, mais pas pour les représentants civils.

On visite dans la crypte la maison où naquit la sainte Vierge, petites grottes se suivant les unes à côté des autres, pour aller ensuite à la piscine probatique, qui veut dire des brebis, parce que là on lavait les brebis destinées aux sacrifices, plus loin est en effet la porte probatique en face du temple où elles étaient immolées.

Cette fontaine s'appelait aussi Bethsaïda, en hébreu, et c'est là, que N.-S. vint un jour guérir ce pauvre paralytique qui attendait depuis 38 ans que l'ange vint remuer l'eau.

Quelle image de la persévérance dans la prière et de la résignation à attendre l'heure de Dieu.

Le musée organisé par les P. Blanc est curieux par les souvenirs anciens qu'il renferme et qui nous retracent certains passages évangéliques, comme cette gerbe d'ivraie, si semblable au blé, ce qui explique la parole de N.-S. disant aux serviteurs d'attendre la moisson dans la crainte d'arracher le bon grain avec le mauvais. Belle leçon pour nous qui voudrions si souvent enlever de ce monde les gens qui ne nous plaisent pas ou que nous jugeons mauvais.

On voit aussi une table pour les offrandes funéraires, sorte de plateau en terre percé de quatre trous par lesquels on versait la liqueur sur la tête du mort.

La planche dans la forme des tables de la loi, sur laquelle les Juifs écrivent les textes sacrés, car ils n'impriment pas, ce qui est religieux. Un petit vase d'albâtre comme celui de sainte Madeleine. M. Lardeur photographie le groupe officiel qui salue gracieusement. *La Marseillaise* se fait entendre, et nous partons.

Jéricho

2 octobre

Déjeuner en hâte, ficellage des petits paquets, choix de la voiture, bien heureux est-on quand le cocher ne nous trouve pas trop grosse (ce qui n'est pas mon fait) mais donne lieu à des scènes amusantes, car il ne nous comprend pas, nous non plus, et ce sont des signes désespérés qu'on fait semblant de ne pas voir.

Le P. Gerbier surveille l'embarquement, compose notre voiture d'une façon charmante, dit un *Ave Maria* pour les voyageurs et nous partons à travers la Palestine que l'on comprend beaucoup mieux en allant à Jéricho. La route passe dans un pays splendide de sauvagerie et de stérilité.

Si la Palestine était plate, sans montagnes et sans vallées, elle serait affreuse, mais avec ces rochers taillés à pic, et comme mis là par la main des géants, ces splendides montagnes aux dos veloutés comme les bosses des chameaux, ces gorges profondes, ces pics élevés qui se dorent au soleil, tout cela fait un ensemble d'une sublime grandeur.

Nous passons devant « la fontaine des Apôtres » pour nous arrêter au Khan-Hatrom, espèce d'hôtellerie où le bon Samaritain vint au secours du voyageur blessé et dépouillé par des voleurs.

Cette halte est pour nous rafraîchir tout en achetant les chères cartes postales.

Plus loin on nous signale l'étrange couvent de Kosibo perché sur un rocher à pic au-dessus d'un torrent à sec dans cette saison, mais débordant en hiver. Un peu plus haut, un autre ermitage auquel on ne parvient que par une corbeille chargée de porter les provisions et de faire monter les moines qui sont là envoyés par leur patriarche pour faire pénitence.

Nous arrivons enfin à Jéricho, 399 mètres au-dessous du niveau de la mer, quelle descente! pour aller de suite à la fontaine d'Elisée, qui obtint là un miracle.

Les enfants du prophète se plaignant que l'eau était mauvaise, Elisée prit un plat neuf, un peu de sel et le jetant sur un filet d'eau qui coulait en cet endroit, il obtint la belle et abondante source que l'on voit encore et qui a rendu le pays si fertile. Ce que nous pouvons constater en passant au milieu d'une haie de bananiers, de lauriers-roses doubles hauts comme des arbres et de quelques beaux palmiers. Personne n'a le courage de faire l'ascension du mont de la Quarantaine. Des bédouines passent allant chercher de l'eau. Elles sont bleues des pieds à la tête, d'un bleu presque noir, depuis leur robe, jusqu'à leur cruche posée sur la tête renversée ou droite et jusqu'au tatouage dont elles ornent leur noir visage, non par coquetterie, mais pour chasser le mauvais œil.

Nous n'aurions jamais supposé trouver un hôtel aussi civilisé à Jéricho. Il est tout en bois, d'une construction fort coquette mais faite pour emmagasiner la chaleur, le soleil pouvant entrer tout à son aise par toutes les fenêtres.

La salle du festin étant trop petite, nous sommes une dizaine qui avons le bonheur d'être dehors. Quelle joie, d'être là, sous ce beau ciel d'Orient à l'abri d'un jasmin archi-parfumé, et de quelques gigantesques palmiers.

Tout à coup, le souvenir de Zachée montant dans un sycomore pour apercevoir Jésus, nous est rappelé quand nous voyons un Arabe grimper dans un laurier-rose dont il coupe quelques branches fleuries afin d'orner le petit autel devant lequel tout à l'heure nous allons réciter le chapelet avec les mystères médités.

Que c'est bon d'évoquer ainsi à chaque pas, ou les Evangiles ou l'histoire sainte. Et voici les trompettes de Jéricho qui nous appellent à table et viennent le lendemain nous réveiller à 4 heures du matin, notre messe de pèlerinage devant se célébrer au bord du Jourdain.

Quel souvenir inoubliable ! là même où Notre-Seigneur a été baptisé par saint Jean, où le ciel s'est

entr'ouvert sur sa tête, tandis qu'une voix se faisait
entendre disant : Celui-ci est mon fils bien aimé,
écoutez-le. Là encore où l'arche sainte a passé, où le
Jourdain s'est retiré, où la manne cessa de tomber.
En face sur cette montagne de Trébo. Moïse est mort
en regardant la terre promise. Puis c'est la prise de
Jéricho croulant au son des trompettes, la femme de
Loth changée en statue de sel, les prophètes Elie et
Elisée tout cela nous fait vivre dans un autre monde.

Après une heure de voiture nous arrivons sur les
bords frais et verts du Jourdain. La tente a été dres-
sée pour les messes et nous sommes là comme dans
une mission d'Amérique, les barques peuvent passer
pour des pirogues, tandis que de vrais huttes de sau-
vages sont sous nos yeux avec leur construction sur
pilotis et leur toiture en branchettes et feuillage.

Mais le bon Dieu est là descendant sous la tente
comme dans les belles cathédrales et ceux qui le re-
çoivent dans un cœur pur sont bien heureux !

Les Arabes ou Bédouins, ou autres gens du désert
font un feu en plein air, on met le lait et le café dans
deux grandes chaudières, on sort des tasses et du
pain, et chacun déjeune avec plaisir et gaîté.

Je n'ai pas encore parlé d'une particularité dans
le costume de certaines Bédouines qui est à signaler ;
c'est ce qu'elles se mettent pour orner ou cacher leur
visage.

Une double ficelle part du front pour se séparer

en deux festons allant jusqu'aux oreilles et sur le nez, et là, pendent sur les joues des pièces et des morceaux d'étoffe.

Vraiment ce voyage est une variété inouïe des choses les plus étranges, mœurs, coutumes, langage, religion, costumes et paysages, passent sous nos yeux, nous fournissant les études les plus curieuses et déroulant tous les souvenirs de ce petit peuple hébreu qui tient et tiendra toujours une si grande place dans tous les cœurs chrétiens.

Puisque nous avons une heure avant de nous embarquer pour retourner à Jérusalem, je veux parler du sermon du P. Gerbier à Sainte-Anne, et dans lequel il a profité de l'ouverture du Rosaire pour nous dire les miracles opérés par la prière pour triompher des hordes envahissantes.

Je ne veux citer que celle de la bataille de Lépante et qui lui a permis de nous peindre par la parole un véritable tableau.

L'ennemi arrive, apportant l'irréligion avec lui, mais des âmes pieuses veillent, et les barbares sont chassés, ainsi ont fait les martyrs pour le paganisme, les religieuses Carmélites et nos prêtres à l'époque de la révolution.

Eh bien, quand les galères Turques s'étendaient comme un large croissant sur l'azur de la Méditerrannée devant la poignée de soldats et de bâtiments chrétiens conduits par Don Juan d'Autriche, il y eut

comme une attente d'angoisse, qu'allait-on faire ? Les
deux galères portant les chefs s'abordent, les cime-
terres brillent, les cris retentissent, le sang rougit les
flots, les deux armées sont haletantes, mais du fond
de sa demeure Pie V , enfermé au Vatican, lève ses
mains tremblantes vers le ciel, il l'implore et la victoire est assurée. Le bon droit triomphe tandis que le
croissant recule.

L'éloquence est une belle chose surtout quand elle
vient du cœur, notre directeur a tous les genres et le
bon Dieu l'a doué aussi bien pour nous élever que
pour répondre d'à-propos aux nombreux speechs
qu'on nous adresse.

Je souris en songeant à notre conversation de ce
matin, il s'agissait de la nuance des voix entre les
deux sexes.

Il paraît que nous parlons plus que les hommes et
avec plus de volubilité (c'est un abbé qui disait cela)
parce que nos cordes vocales sont plus souples et donnant des sons moins graves, elles ont moins de peine
à en faire sortir un plus grand nombre du gosier.

Après la messe nous continuons notre course vers
la mer Morte.

Oui, elle est bien morte cette mer qui ne s'écoule
jamais et dont les miasmes sont absorbés par le soleil?
Elle paraît brillante, mais Sodome, Gomorrhe, Adam
et Saboni, les villes coupables qu'elle cache dans son
sein semblent avoir empoisonné ses flots.

Nous trempons notre doigt dans son onde amère, mais pour rejeter bien vite cette eau qui a l'âpreté de l'alun.

Une scène bien amusante nous attend au retour, à l'auberge du bon Samaritain, M. du Faÿ achète au magasin de curiosités un instrument de musique, une peau tendue en carré avec une seule corde tendue, l'archet est un morceau de bois recourbé avec une corde ne pouvant donner qu'un son assez pauvre. Telle est la musique Bédouine, mais il faut les voir entourant M. du Faÿ en riant, criant, joyeux comme des enfants montrant leurs dents blanches, tandis que l'un d'eux danse de tout son cœur, comme un gros ours au milieu du cercle. C'est du plus haut comique.

Nous repassons devant la fontaine des Apôtres à laquelle il ne faut pas boire parce que l'eau est remplie de sangsues.

Nous arrivons à la nuit close, neuf heures et quelque chose, ceux qui sont restés nous accueillent avec joie, on leur a fait faire un bon goûter pour nous attendre, ce qui est fort aimable et crée un nouveau lien, celui de la reconnaissance.

Béthanie

4 octobre

Aujourd'hui la matinée est consacrée au mont des Oliviers. Vue splendide d'un côté sur la mer Morte, que le soleil vient frapper de ses rayons, sur le Jourdain et les monts de Moab. De l'autre tout le panorama de Jérusalem doré par les feux du soleil levant.

Notre messe est dite dans la petite mosquée de l'Ascension. Saint-Jérôme nous apprend qu'on n'avait jamais pu fermer la voûte de l'église à l'endroit où J.-C. prit sa route à travers les airs.

Nous sommes chez les Turcs, mais sous l'autel qui a été dressé pour la messe du pèlerinage, nous pouvons baiser le rocher qui garde la trace d'un pied du Sauveur. Qu'il fait bon de penser que notre Jésus s'est élevé au ciel de cet endroit même.

Le Carmel ou l'église du Pater reçoit ensuite notre visite pour le café au lait, puis nous allons à leur église où a lieu la bénédiction. C'est là que Jésus a appris le *Notre-Père* à ses apôtres, et en souvenir de ce fait mémorable le *Pater* est gravé sur des plaques de marbre en trente-deux langues.

La Provence figure aussi, et, chose touchante, dans la chapelle, à haute voix, chacun le récite dans sa langue natale. Tout près de l'église du Pater est un olivier au pied duquel Jésus prédit le jugement universel. Nous passons ensuite dans un couvent acquis par les Franciscains qui gardent là trois tableaux anciens représentant les ânes et ânons amenés à Jésus pour son entrée triomphale à Jérusalem. Ce fut en effet de cet endroit qu'il envoya ses apôtres pour les lui chercher. Les deux autres nous montrent la résurrection de Lazare et nous allons à son tombeau dans lequel on descend par des marches fort périlleuses. Mais qu'il fait bon d'être en cet endroit, là où s'est accompli le plus grand de tous les miracles, où Jésus vainqueur de la mort a montré la tendresse de son cœur en pleurant sur son ami. A quelques pas on montre l'endroit où était la maison de Marthe et de Marie-Madeleine.

Nous reprenons nos voitures, mais ce n'est pas sans jeter un coup d'œil sur un petit bonhomme, vrai descendant du jeune David qui armé d'une fronde lance des pierres avec une adresse sans pareille. J'aurais voulu l'acheter pour M. du Faÿ, ce gentil ménage dont j'ai fait la connaissance, mais il n'a pas l'air de me comprendre.

Pour attendre que notre voiture se remplisse et fuir le soleil, nous entrons, ma compagne et moi dans un Coulibet (la maison des Bédouins). Elle se compose de deux pièces, les murs sont en terre, et comme toiture quelques branches d'arbre. Dans la première pièce toute la famille s'étend par terre pour dormir, dans la seconde on fait la cuisine sur quatre pierres, dans un coin, une cinquième creusée reçoit l'eau et voilà tout le matériel. Un plat creux compose la batterie de cuisine. Une fillette de quatre ans a déjà le commencement de sa petite dot sur son front se composant de piécettes enfilées.

Comme on comprend en voyant cette simplicité de vie, qui n'a pas changé, malgré la civilisation, qui

les frôle tous les jours, le choix de Notre-Seigneur
pour ces contrées et pour leurs habitants pouvant vivre de rien. Oui, c'est bien à eux qu'il pouvait ensei-
gner une religion faite de privations, et parler d'un
ciel où toutes les joies nous attendent, devant ce ciel
d'un bleu si merveilleux.

Jeudi soir

Hélas plus qu'un jour, et il faudra quitter cette seconde patrie à laquelle on s'attache tant parce qu'on
sent qu'elle est le berceau de notre religion, de cette
chaîne merveilleuse qui unit l'homme à Dieu et qui
doit nous conduire un jour au ciel.

O Jérusulem ! toi que nous quitterons avec tant de
peine, tu n'es pas cependant la ville des plaisirs, car
les Romains qui ont laissé dans toutes les villes où ils
ont passé des théâtres et des arènes, n'ont pas osé profaner tes murs de leurs cirques et de leurs jeux.

Dans la journée nous visitons l'église de Saint-Jac-
ques-le-Majeur qui est aux Coptes. Leur église a été
bâtie par les croisés parce qu'à cette époque ils étaient
convertis, depuis ils sont redevenus non unis, et il
faut voir avec quel goût ils ont décoré cette pauvre
église ; carreaux de faïence bleus ou verts, belles portes par exemple inscrustées de nacre, puis à l'entrée
les cloches appelées mandragore se composant d'une
planche de bois suspendue et sur laquelle on frappe
avec une baguette de cuivre.

En sortant, un Copte nous arrose d'essence de rose et nous entrons à ce qui fut le Cénacle. Le lieu de nos plus chers souvenirs, n'est plus qu'une pauvre mosquée. Jésus veut peut-être nous dire par là, que le plus beau des Cénacles est notre cœur.

A deux pas, le Père nous montre à un angle de muraille trois pierres creusées en forme de bouche et qui rappellent cette parole de N.-S. disant aux apôtres, voulant empêcher les enfants de chanter: *Hosanna au fils de David!* que les pierres mêmes le crieraient.

L'église de la Dormition se trouvant sur notre route nous y entrons, non sans avoir regardé une colonne qui marque l'endroit d'un miracle. Le corps de la Vierge étant en route pour Jérusalem, un Juif voulut l'arrêter et en punition eût les deux mains coupées.

C'est à peu près en cet endroit qu'on place les palais d'Anne et de Caïphe, et plus dans Jérusalem, à la tour de David celui d'Hérode. Plus loin, nous verrons le champ du sang acheté avec l'argent de Judas.

Comme on comprend par cette topographie le va et vient de Notre-Seigneur allant au prétoire et promené d'un palais à l'autre.

L'église de la Dormition est aux Allemands, l'empereur d'Allemagne voulant mettre ses jalons un peu partout, a acheté ce terrain aux catholiques Allemands. On ne dit la messe que dans la crypte, l'église n'étant pas achevée, et nous irons l'entendre demain matin. J'ai profité du registre ouvert aux étrangers pour mettre ces quelques mots en lettres renversées en guise de signature : *snossinu-suon snad al xiap*.

J'avoue n'avoir aucun désir de revanche, parce qu'avec ce système on n'en finirait jamais, et je ne souhaite que l'union de tous les peuples en Dieu.

De là, la journée s'est achevée aux fouilles faites en ce moment pour retrouver la place témoin des larmes de saint Pierre. Attendons qu'elles soient terminées et remercions une fois de plus ces admirables Assomptionistes de faire ainsi revivre, grâce à leur zèle, tout les lieux qui peuvent nous rappeler la Passion de notre Dieu.

Vendredi

Premier vendredi du mois nous fêtons le Sacré-Cœur et le vingt-cinquième anniversaire des pèlerinages en Terre-Sainte inaugurées par le R.-P. Piquart, c'est-à-dire les noces d'argent de cette pensée vraiment régénératrice pour Jérusalem, car, il y a vingt-cinq ans les constructions ne dépassaient pas les remparts, tandis qu'aujourd'hui elles débordent de tous les côtés. Et quelles merveilleuses bâtisses ! Quels beaux monuments ! attestant une fois de plus que la foi n'est pas encore morte, pas plus en France qu'ailleurs, puisque l'argent vient en grande partie du pays de la charité.

Ce premier pèlerinage amenait paraît-il mille pèlerins, et pour les recevoir qu'avait-on ? Une pauvre petite *Casa Nova* pouvant loger deux cents personnes. On pense ce que devait être le logis des autres, (des tentes sans doute) à côté des splendides bâtiments qui font une ceinture éblouissante à la Jérusalem nouvelle.

Aussi y eut-il un semblant de révolte qui fut vite calmée, car la foi était plus vive que de nos jours et les Assomptionistes n'avaient pas besoin comme aujourd'hui de faire un programme splendide pour tenter les âmes faibles, auxquelles la seule piété fait peur et qui se laissent séduire par un mélange de belles et curieuses choses à voir et de bonnes choses à méditer.

Voilà comment nous avons passé du plaisant au sévère pour finir par les étranges monuments de l'Egypte et la poésie de la Sicile.

Après notre messe, grand'messe à l'église de Saint-Sauveur où le Patriarche officiait, où tout le Consulat assistait.

L'entrée des diverses pensions n'est pas banale. Point de bancs, point de chaises, les enfants arrivent deux à deux, font une génuflexion et quatre par quatre, les unes derrière les autres, s'asseient sur leurs jambes croisées.

J'ai admiré près de moi deux Bédouins, que j'aurais voulu peindre tant ils étaient graves et simples dans leur figure et leur tenue.

Cette après-midi dernier coup de feu pour la bénédiction des objets de piété, achat de la photographie de tout le pèlerinage et dernier chemin de croix où j'ai admiré la force du bon exemple, dans le Père Gerbier baisant le sol à chaque station et tout le monde faisant comme lui.

Le soir, adieux touchants à la fin du dîner et chacun dans sa note spéciale a excellé. M. Duthil, avocat de Bordeaux, a eu tout réuni : finesse, délicatesse, esprit, cœur et corde vibrante pour nos bons Pères, pour la Patrie et pour le bon Dieu. Un député Chilien avec sa petite difficulté de langue s'est montré le frère de tout cœur chrétien, et comment toutes les patries n'en forment qu'une seule au tombeau du Christ. Un curé Allemand ne représentant sa patrie que par le nombre trois a dit quelques mots seulement d'une simplicité charmante, s'arrêtant de temps en temps pour demander s'il trouvait bien le mot juste. Enfin le Père qui garde Notre-Dame de France, a mis tout son cœur pour nous dire, que si nous représentions la France qui part, eux, représentaient la France qui reste, et que les remercîments, c'étaient eux qui devaient nous les adresser, qu'en tout cas les deux France resteraient unies au pied du Saint-Sépulcre.

Le Père Marie-Léopold avec son charme ordinaire a pris la parole comme pèlerin au nom de tous les pèlerins pour nous dire quels souvenirs nous devions emporter de la Terre-Sainte. J'ajoute que si nous ne devenons pas meilleurs ce ne sera pas sa faute.

Et tous ces beaux et chauds discours ce sont terminés par un adieu mélancolique chanté par les jeunes Frères qui nous servaient si gracieusement à table et dont le refrain repris par tout le monde était : *Jérusalem adieu, Jérusalem adieu, adieu.*

Voilà les adieux vibrants du soir.

Samedi matin

Et ce matin les derniers ont été à la Dormition. Cette blanche chapelle élevée en l'honneur du dernier sommeil de la Vierge par les catholiques Allemands répond bien à cette pensée. Et qu'il faisait bon prier là pour la dernière fois. Comme nous fêtions la Pentecôte des pèlerins, nous avons tous renouvelés nos promesses à Dieu, les prêtres celles de leur sacerdoce, et, nous, les fidèles celles de notre baptême.

C'est ce qu'un saint prêtre Chilien et notre directeur nous ont rappelé en nous montrant le Ciel dans lequel la sainte Vierge est entrée tout droit en quittant cette terre.

Et le prédicateur résumant tous les lieux visités par nous pendant ces jours bénis, en a fait un faisceau de souvenirs qui se trouvent comme fondus dans la sainte Eucharistie, cette blanche hostie que

l'on trouve partout, et qui est à la fois: Nazareth, Béthléem, Gethsémanie et le Calvaire.

Oui, elle résume tout, elle contient tout, mais il faut être allé à Jérusalem pour le comprendre et sentir tout le bonheur que nous avons à la posséder.

5 octobre

Dernier déjeuner à notre chère Dame de France et départ en chemin de fer à midi, nous traversons les beaux champs d'orangers, de citronniers et de dattiers qui font de Jaffa un pays délicieux. La plaine de Saron est excessivement fertile. Depuis quatre milles ans, nous dit le P. Adéodat, on n'a pas mis un centime d'engrais, et tout y vient par enchantement. Ce qu'il y a d'assez curieux, ce sont les dunes de sable sur lesquelles poussent les vignes.

La mer étant très belle notre embarquement se fait sans encombre, et nous revoilà sur notre *Etoile* chérie qui ne lèvera l'ancre qu'à quatre heures.

A bord de « *l'Etoile* »

6 octobre

Je croyais passer une très bonne nuit, mais le bon Dieu voulant un peu me faire faire pénitence, (ce que nous ne faisons guère), mes beaux rêves s'envolent quand une malencontreuse demoiselle, qui a la mauvaise habitude de coucher sur le pont, revient à

1 heure, puis à 3 heures et demie pour faire sa toilette, et comme elle tourne le bouton électrique et fait couler des flots d'eau, le sommeil s'envole et on est un peu crispette. Je signale ce petit fait pour montrer aux pèlerins futurs qui me liront, les *légers* ennuis du pèlerinage.

Nous avons la messe à six heures, et nous devions débarquer à sept pour prendre le train de huit heures, mais nous ne comptions pas sur les chinoiseries de la visite sanitaire. Toutes les dames montent sur le pont et s'allignent comme si on allait les vendre. Nous nous frottons les joues pour avoir des mines superbes, nous faisons briller nos yeux, on nous avait même annoncé qu'il faudrait tirer la langue, mais c'est un conte et le jeune médecin se contente poliment de nous compter pour s'assurer que pas une de nous ne s'est cachée à fond de cale.

Ceci me fait songer à l'incident des passeports à Constantinople que quelques pèlerins n'avaient pas et qu'on avait enfermés dans leur cabine, en leur causant de nombreuses émotions pour s'amuser.

Enfin nous nous embarquons, les plus paresseux prennent des voitures pour aller à la gare, et je suis de ce nombre, on choisit son wagon, mais pour une fois, c'est l'égalité complète.

Cela me fournit l'occasion de faire des connaissances nouvelles et d'admirer avec elles le canal de Suez et la végétation des bords du Nil toute en plantations de coton ce qui doit être d'un bon rendement puisqu'on fait la troisième récolte. C'est une plante à fleurs blanches qui n'a pas plus d'un mètre de haut, d'immense rizières et des kilomètres de maïs viennent les couper.

Mais j'oubliais le premier aspect en dunes de sable et bancs de sel qui se dépose tout seul. De belles touffes de palmiers dominent les grandes plaines de ce paysage plat et qui serait monotone malgré sa fertilité.

Port-Saïd

La statue de M. de Lesseps est la première chose qui frappe le regard en abordant à Port-Saïd, ville fort élégante à l'aspect Français malgré ses maisons à terrasse.

Le Caire

Et maintenant que dire du Caire où nous débarquons à quatre heures ? Que c'est une ville Européenne, très belle, très propre, très large et qui peut s'étendre indéfiniment dans tous les sens, n'étant pas bâtie comme Constantinople sur des rochers.

On perd en pittoresque mais comme on gagne en facilité pour les moyens de locomotion.

Nous prenons possession de nos chambres et le sable du désert d'une finesse extraordinaire ayant fait irruption dans nos wagons, on a besoin de se plonger dans l'onde pure et de se mettre à table malgré le petit goûter donné en cours de route. Après, chacun est libre de faire ce qui lui plaît jusqu'à cinq heures où nous avons rendez-vous à l'hôtel pour assister à la bénédiction chez les Pères Franciscains et réciter notre troisième chapelet du Rosaire.

Je pars avec l'abbé Mazel à la recherche des Jésuites et du musée.

Le P. Jullien que nous allions voir est absent et le musée est fermé, mais en passant nous voyons une danse et des chants. Danse de passe et de mouvements cadencés avec une canne (comme on représente les statues Egyptiennes) le tout accompagné d'une musique nasillarde.

Toutes les promenades sont bordées d'un côté par des ficus et de l'autre par une espèce d'accacia.

Nous rencontrons des nubiens d'un noir superbe dont l'oreille gauche est percée par un petit bouton d'argent. Une grande partie de la population est Arabe, quant aux Felhas ils sont pour les travaux des champs.

Les corbeaux, les vautours et les ibis volent nombreux un peu partout, tuant les crocodiles en leur perçant les yeux et se chargeant de la voirie comme les chiens de Constantinople, avec cette différence, qu'elle est faite encore après eux.

Lundi matin 7 octobre

Bonne messe à sept heures chez les P. Franciscains. Je n'oserais pas faire un jugement téméraire, mais il me semble que l'air de la grande ville chasse la piété de quelques pèlerins et que tous n'étaient pas à la messe du pèlerinage qui était, il est vrai, à une demi-heure de marche, et cependant c'est si bon de recevoir le pain des forts et de mêler le spirituel et le divin à l'agréable. Enfin prions pour ceux qui ne comprennent pas le vrai bonheur, et préfèrent la vue des cafés débordant dans les rues du Caire et des équipages à roues caoutchoutées circulant le soir après le dîner.

À huit heures et demie nous prenions les voitures après avoir dégusté une confiture de poncire dont je n'avait pas mangé depuis des années. Si je parle ainsi de tous nos repas, c'est pour bien montrer à ceux ou celles qui voudraient faire le pèlerinage, que nos forces épuisées sont toujours très bien réparées.

Nos *équipages* étant prêts, nous montons, car ici ce n'est plus comme en Palestine où les voitures et les chevaux ayant à passer par des chemins invraisemblables ne peuvent pas être soignés. Au Caire nous avons des étalons et des attelages comme dans toutes les grandes villes.

En un clin d'œil nous franchissons ou nous traversons toute la ville pour arriver au point le plus élevé, à la citadelle, mais en passant par la mosquée splendide, ainsi nommée parce que le sultan Hassan la considérait ainsi. Il y a de merveilleuses sculptures en bois, une porte en or, argent et bronze de toute beauté. Quant au tombeau du Sultan, comme je m'étonnais de sa simplicité, le drogman m'a fait observer que le corps une fois sorti de son cercueil était déposé dans un lit magnifique enfermé dans le caveau.

Nous repartons ventre à terre pour la citadelle et la mosquée de Méhémet-Ali que le Père Gerbier veut bien comparer à Sainte-Sophie pour consoler ceux qui n'ont pas pu y entrer, mais ce n'est pas du tout la même chose.

D'abord Sainte-Sophie nous est précieuse à nous, chrétiens, parce qu'elle a été une église, ensuite elle a conservé sa forme d'église par ses trois nefs tandis que toutes les belles mosquées sont rondes, soutenues par quelques pilastres et la coupole au centre. Celle de Méhémet-Ali a cela de particulier c'est qu'elle est en albâtre, du moins à la base, et illuminée, les jours de fête par deux milles globes ce qui doit en faire une féerie de lumière. Les globes viennent justement d'être mis pour l'ouverture du Ramadan, le grand jeune des musulmans.

De la citadelle on jouit d'un coup d'œil splendide sur toute la ville et les environs. Ainsi voit-on dans le lointain la pyramide de Chéops dressant sa pointe sur

le ciel, et le ruban fertilisateur du Nil coupant l'horizon.

Mais arrivons vite au musée qui est l'œuvre d'un
Français, M. Mariette, savant égyptologue, et qui
nous montre, par son beau travail, que nous avons
toujours lieu d'être fiers de notre cher Pays, car depuis Napoléon, faisant la conquête de l'Egypte en un
tour de main, pour apporter à ces pays l'œuvre de la
civilisation, qui, malgré ses défauts, donne à tous les
hommes, les moyens de devenir meilleurs, tous les
pionniers de la science et de la religion ont été et
sont encore des missionnaires Français.

Malheureusement cette belle conquête a été perdue
par une faiblesse de la Droite refusant les crédits né-
cessaires pour la conserver. Et maintenant, entrons
dans le musée pour étudier les égyptiens.

Chaque peuple laisse les traces de sa force dans ce
qui le caractérise. Les Grecs et les Romains l'ont fait
dans leurs ruines élégantes ou grandioses, or les
Egyptiens étant essentiellement religieux devaient
revivre au monde moderne par leurs tombeaux. Ils
croyaient à un autre monde, mais semblable à celui
dans lequel ils vivaient, le monde spirituel n'existant
pas pour eux.

Et comme leur vie devait continuer après leur
mort, on mettait dans les sarcophages tout ce qu'il
fallait pour vivre et tous les objets dont ils s'étaient
servis sur la terre : vases à parfums, vases pour les

différents fards et bijoux précieux. Fruits, légumes et nourriture de toute sorte.

Un oiseau représentant l'âme venait de temps en temps rendre visite au corps et frappait le cœur avec son bec, restant quelquefois une nuit avec lui.

Cet oiseau en métal était mis aussi avec le mort ainsi que d'autres statuettes en matière dure représentant le défunt, c'était son double. Car plus la décomposition était lente, plus longue était cette seconde vie, il fallait donc que son image fût incorruptible.

Le cœur et les entrailles, plus sujets à la décomposition, étaient placés, pour cette raison, dans une sorte de coffret appelé « Canope ».

Leur mode de gouvernement ressemblait à celui des Romains, les titres de noblesse tout aussi prisés que les nôtres et les emplois à la Cour aussi nombreux.

Quant au moyen de succéder au trône il était assez curieux et fait pour susciter de nombreuses querelles.

Un jeune enfant était amené au temple, Osiris le nourrissait et le voilà de droit de race royale et divine, ainsi se sont fondées les différentes dynasties.

Après avoir adoré les animaux, les Egyptiens adorèrent les hommes en en faisant des dieux auxquels ils mettaient souvent la tête d'une bête. Enfin ce fut le soleil qui s'appelait Ra et donnait sa première syllabe aux rois comme dans la dynastie des Ramsés.

A côté du petit rond représentant le soleil, un oiseau (fils) c'est-à-dire fils du soleil. Si on a pu retrouver la vie matérielle des Egyptiens dans leurs tombeaux, on a pu de même retrouver leur vie sociale gravée sur les sarcophages, sorte de livre de raison qui nous raconte: Je m'appelle un tel, je suis fils d'un tel et tous les évènements principaux de la vie de la momie.

Ils s'attendaient à un jugement en deçà de la tombe, aussi avaient-ils avec eux ce qu'ils appelaient le livre des morts, sorte d'interrogatoire dans lequel des questions étaient posées au mort : Avez-vous volé? avez-vous tué ? et presque toujours il répondait non.

Mais, il faut s'arrêter, il y aurait trop à dire, et les bons amis qui me liront, ne trouveraient peut-être pas très intéressantes ces curiosités d'un autre âge, ensevelies si longtemps sous les sables du désert, d'autant plus que nous avons hâte de raconter les exploits de la fameuse journée de lundi dans laquelle nous avons fait une promenade dans de vrais bois de dattiers. Et comme la crue du Nil a commencé, on voit tous les groupes de palmiers baignant leurs pieds dans les eaux ou s'y réflétant ; ce qui fait un effet étrange à nul autre pareil, quand on passe en file de caravane sur une petite bande de terre ayant de l'eau à perte de vue à sa droite et à sa gauche. Les femmes sont montées à la cime pour la cueillette des dattes.

Memphis

Nous sommes quatre-vingts pour cette expédition, des ânes ont été réquisitionnés ainsi que deux voitures dont les roues sont de larges bandes de bois faites pour passer sur les sables du désert.

Comme nous sommes deux sans montures, on nous attelle une troisième petite voiture avec un cheval pur sang qui fait des siennes, ne veut pas avancer, recule, ou part à fond de train, enfin nos deux conducteurs s'en rendent maîtres. en le prenant par la bride, au grand effroi de ma compagne qui, sans mes conseils, aurait sauté chaque fois de la voiture.

Nous entrons dans le désert et le sable fin vole autour de nous, quinze pyramides recouvrant les tombeaux des rois s'alignent devant nous dans l'or du soleil couchant. et ce n'est que poussière d'or à perte de vue, que c'est donc beau !

Nous descendons pour visiter quelques-uns des tombeaux découverts, celui de Ti renferme trente chambres funéraires avec peintures et sculptures sur les murailles, et nous admirons la finesse des personnages portant les offrandes funéraires, la barque chargée de passer les âmes des morts. ce qui doit être fait rapidement avant le coucher du soleil, sans cela on n'entrait pas en paradis.

Et tous les divers groupes de serviteurs ou de guerriers, toujours représentés de profil, à cause du mauvais œil.

Le tombeau du bœuf Apis est fantastique. Ce sont d'immenses voûtes, s'ouvrant dans tous les sens comme un labyrinthe et de chaque côté, des fosses profondes dans lesquels sont des sarcophages en granit d'une dimension extraordinaire pour contenir le fameux bœuf.

On parcourt tous ces lieux souterrains à l'aide de bougies qui s'éteignent, et ce sont des effrois et des cris de terreur.

Certains spectacles, certains pays, veulent, semble-t-il, une langue différente et quand j'entendais ma compagne devant ce désert grandiose me répéter sans cesse : C'est épatant ! je songeais que c'était elle qui devait l'être.

Nous goûtons sous un abri construit pour les fouilles ; on se jette sur le pain et sur les dattes.

Tout en nous rafraîchissant nous contemplons les derniers rayons du soleil se couchant sur la place où fut sans doute Memphis, capitale de l'ancienne Egypte et comptant jusqu'à sept cents mille habitants. Un sphinx montre sa tête énygmatique au-dessus des sables et semble sourire en gardant son secret.

Le retour est plus calme, la nuit vient, nous arrivons à la gare.

Il paraît que nous avons vu une hyène, un chacal

et beaucoup de choses étranges, ceci est pour ceux qui n'y sont pas.

Il est onze heures passées quand nous débarquons, il s'agit de dîner, de se mettre au lit et de se lever le lendemain à quatre heures et demie. Quelle vie de polichinelle, disent les touristes, (qui se plaignent toujours de quelque chose tout en étant très contents), et une grosse pénitence, murmurent les pèlerins.

Eh bien, l'admirable frère René, qui a été un brillant marquis dans son *jeune temps*, nous a attendu pour surveiller notre dîner. Il mange en courant, dort de même et ne pense jamais à lui, écoutant avec le même sourire aimable les doléances des uns et les récriminations des autres.

Pauvre humanité ! disait une de mes amies, comme on en voit bien un échantillon dans ce petit groupe qui réunit sur le bateau tous les pays et toutes les nationalités. Tout le monde est charmant, mais comme on se plaint facilement.

Matarich

Mardi

Nous dirigeons nos pas ce mardi matin vers le couvent des P. Jésuites, gardiens jaloux de « l'arbre de la Vierge. »

L'arbre est mort depuis longtemps, mais il a toujours été replanté au même endroit et aujourd'hui encore le Khédive entretient dans ses jardins, plusieurs plants de sycomores qui sont destinés à succéder à celui que nous avons vu et qui est bien près de mourir. J'en aurai le souvenir par la photographie qui a été faite de notre groupe. La sainte Famille allant en Egypte serait venue se reposer là et même, ayant besoin de se désaltérer, une petite source aurait jailli en cet endroit.

Pour arriver chez les Pères nos voitures nous font faire une superbe promenade qui passe devant d'élégantes villas, se prolonge entre de belles rangées de beaux arbres pour finir au milieu de plantations fertilisées par les eaux limoneuses du Nil.

Notre messe a lieu en plein air au pied de l'arbre, et la bénédiction dans la chapelle ornée de fresques qui reproduisent quatre scènes de la Sainte Famille partant de Bethléem pour passer là et s'y reposer. Elles sont d'une poésie charmante. Après quelques mots du R. P. Jullien sur l'organisation de cette maison (qui est son œuvre), le déjeuner et la photographie, vient la promenade dans les jardins renfermant les essences les plus rares, ce qui fait le bonheur de Mme Boyer, une charmante nouvelle connaissance qui, par la bonté de la Providence se trouve être une amie de couvent de mes cousines Pison.

Et nous reprenons nos voitures pour parcourir le vieux Caire en visitant sur notre passage une mosquée et la petite maison ou la grotte habitée par la Sainte-Famille.

Je n'y descends pas à cause de l'aimable Canadienne qui s'est fait mal au genoux et dont je suis le bras droit pour un instant.

Quant à la mosquée, mes compagnons ne tenant pas à y aller, je cède à leur désir. On m'a dit après, qu'elle n'était remarquable et différente des autres que par ses deux cents colonnes, dont beaucoup ont été remises. Ce sacrifice n'est pas énorme quand on pense à la belle excursion annoncée pour la journée. Il s'agit des pyramides, de la fameuse pyramide du haut de laquelle ce ne sont plus quarante siècles, mais quarante-deux siècles qui nous contemplent.

Départ à trois heures en tram à chevaux pour rejoindre le tram électrique. Quelle ironie de la civilisation !

Débarquer à Jérusalem en chemin de fer ! et aux pyramides en tramways !

Que doivent penser les chameaux et les dromadaires, ces grands habitants du désert ? Que nous manquons de couleur locale.

Cependant pour ne pas les faire rougir sur leurs bosses, dont par parenthèse ils peuvent se nourrir quand ils n'ont rien à brouter dans les plaines de sable, comme les moutons à queues doubles entrevus à Damas. Quelques messieurs et quelques dames se risquent à monter sur leur dos mouvant comme les vagues de la mer. D'autres plus craintives se contentent des petits ânes blancs, et je suis de ce nombre, tandis que le gros de la caravane va tout simplement à pied.

Mais le trajet en tram a été charmant, tout est submergé autour de nous, on voit des îlots partout, c'est tout un petit pays qui fait un vrai tableau avec ses blanches maisons à terrasse, son bouquet de palmiers, ses chameaux et ses oies blanches tout cela se mirant dans les eaux grisâtres du Nil dont les deux crues durent trois mois, dit-on. Je ne me figurais pas la pyramide de Chéops si près du Nil, elle n'est en plein désert que d'un seul côté.

De la pyramide on passe au fameux sphynx tout aussi colossal mais moins grandiose et on revient à la suggestive ascension de la pyramide.

Dans notre pèlerinage il y a deux choses que la piété et l'amour-propre font faire : C'est la nuit au Saint-Sépulcre, attirante par ses ombres mystérieuses, ses messes nocturnes et les étranges cérémonies des autres cultes.

Seconde chose : la gloire de grimper là-haut. Des Anglais arrivent bons premiers et franchissent les hautes pierres comme si cela était un jeu. L'amour-propre national s'en mêlant, quelques-uns s'élancent comme à l'assaut sans s'inquiéter de la route à suivre. Mais on crie, on les menace même de la police Anglaise, très sévère, paraît-il, qui les fera emprisonner, ils redescendent et voilà des couples qui se précipitent. Les abbés relèvent leur soutane ; les camails sont lancés dans les pierres et les guides arrivent à l'aide, un poussant par derrière tandis que deux autres tirent chacun par un bras. C'est risible pour les spectateurs : et c'est ainsi que suant, soufflant, au milieu des cris des fellhas on finit par arriver tant bien que mal aux applaudissements des paresseux.

Le retour n'est pas sans charme au soleil couchant. Puis c'est la fièvre des paquets qu'il faut faire avant le dîner, le départ en voiture pour la gare, le dernier assaut des cartes postales et enfin les cinq heures de chemin de fer plus ou moins somnolentes.

Il est deux heures quand nous arrivons à Port-Saïd, quelques rares voitures sont là pour les moins vaillants, il faut donc traîner son paquet un petit bout de beau chemin, heureusement.

Notre *Etoile* est là, tout près, et en deux coups de rames on la rejoint. nous sommes illuminés sur notre route par un éclairage très original. Ce sont des enfants qui tiennent des branches aux armes du Sultan. L'étoile et le croissant brillent ainsi de mille feux.

En débarquant il est près de trois heures. les autels sont déjà dressés dans la chapelle, le gentil frère Wladimir sonne la cloche, et le directeur célèbre la messe du pèlerinage. Qu'il fait bon se retrouver là et recevoir ce Dieu, ce Jésus qui a été si bon pour nous depuis notre départ. Prions pour que tous les voyageurs qui composent notre petite flotte, jouissent, avant de descendre définitivement à terre, du même bonheur. Ah ! s'ils connaissaient le don de Dieu ! Un petit déjeuner *dinatoire* nous est servi, après quoi chacun va retrouver sa cabine et sa couchette dans laquelle on est presque mieux (qui le croirait) que dans un grand lit, quand on dort à poings fermés.

A bord de « l'Etoile »

Mercredi

Nous revoilà sur les flots bleus sans autre horizon que le ciel et l'eau qui était verte à neuf heures et vient tout à coup de reprendre sa belle couleur habituelle. Pourquoi ? Un marsouin montre sa queue et tout le monde se met à courir : ce que c'est que l'oisiveté du bord.

J'ai été la première dame levée, je crois, mais la seconde à la chapelle pour faire ma méditation, et depuis je travaille et j'écris ravie de me trouver en parfaite santé.

La mer est calme comme mon cœur, que peut-on désirer de plus ?

Et ce sera le cas, les évènements ne devant pas être nombreux durant ces trois jours de se rappeler quelques observations, ainsi il me revient à l'esprit ce petit tuyau doré que certaines Bédouines se mettent sur le nez pour marquer l'espace entre le charchaff et le voile. Puis un enterrement musulman dont le char était tout couvert de pendeloques dorées et de draperies éclatantes, une file de voitures suivaient contenant les assistants.

Enfin la jolie poésie de Lacour, *La Jument de l'Arabe*, murmurée en chemin de fer à un groupe Lyonnais, devant le désert immense :

Tourmenté d'une faim pressante :
Un pauvre Arabe vint un jour
Vendre sa jument bondissante,
Sa belle jument, son amour.
Certes, grande était sa détresse,
Pour qu'il vint du désert mouvant
Vendre celle dont la vitesse
Devançait les ailes du vent.
Quand dans la plaine vaste et brune
Blanche elle paraissait aux yeux
Elle ressemblait à la lune
Dans les solitudes des cieux,
Et l'Arabe qui, comme une ombre,
Sur son dos allait voyageant,
Ressemblait à la tâche sombre
Qui ternit son disque d'argent.
Combien de fois parmi les sables
Sa jument souffrit avec lui
Dans les déserts infranchissables !
Pourtant il la vend aujourd'hui !
Il le faut bien dans sa misère
Il n'a plus de quoi la nourrir
Elle, si vive, si légère,
Il ne peut la laisser mourir !
Déjà d'une main dédaigneuse
L'européen a compté l'or
Et bientôt la belle coureuse
Va partir pour un autre bord.
L'Arabe sous un air farouche
Jusque là cacha ses douleurs

Mais enfin ses mots de sa bouche
Sortent accompagnés de pleurs :
« Toi, ma gazelle, ma mignonne,
« Toi plus douce que l'eau du ciel,
« Faut-il donc que je t'abandonne
« Aux mains de cet homme cruel ?
« Toi, reste dans ton Arabie,
« Les Européens sont méchants,
« Dans nos déserts passe ta vie ;
« Sois libre encore dans nos champs,
« Bientôt tu périras peut-être
« Victime de ma pauvreté
« Mais tu verras aussi ton maître
« Mourir de faim à ton côté. »
Il dit, lui caressa la hanche
Et repoussant le prix offert
L'Arabe sur sa jument blanche,
Reprit le chemin du désert.

Et tandis que nous étions à ce qui fut Memphis,
une autre poésie, bien jolie aussi, me revenait en mé-
moire, *Moïse sauvé des Eaux*.

Et je la revoyais cette gracieuse fille de Pharaon
appelant ses compagnes pour les inviter à se baigner
avec elle :

« Hâtons-nous, disait-elle, mais parmi
　　　　　les brouillards du matin
Que vois-je ? Regardez à l'horizon lointain
Ne craignez rien, filles timides !
C'est sans doute, par l'onde entraîné vers les mers
Le tronc d'un vieux palmier qui du fond des déserts
Viens visiter les pyramides.
. . . .

Ainsi parlait Iphis l'espoir d'un roi puissant
Alors qu'au bord du Nil son cortège innocent
Suivait sa course vagabonde.

Puis c'est la joie de la jeune vierge en trouvant Moïse flottant sur les eaux dans sa frêle nacelle. Charmante poésie que Victor Hugo termine par ces trois beaux vers :

« Mortels, vous dont l'orgueil méconnait l'Eternel,
Fléchissez : un berceau doit sauver Israël,
Un berceau va sauver le monde ! »

Jeudi

Bonne journée de prières. C'est bon de revenir de Jérusalem, on sent que le souvenir du Christ a passé sur nous, mais dans cette disposition d'esprit qu'il est étrange d'entendre rire et dire des banalités autour de soi.

Le soir bonne conférence sur les Orientaux. En redire toute l'histoire, me serait difficile, mais ce que j'ai retenu, c'est ce qui importe à l'âme chrétienne. En quoi consiste le maintien de l'éloignement des Orientaux et comment nous pourrions les ramener. Le P. Adéodat nous a donc appris que la difficulté venait de ce que le Pacha Abdul-Hamid avait bien soin de maintenir chaque nationalité dans chaque village et de soutenir les plus faibles, de cette façon les plus gros ne peuvent jamais dévorer les plus petits en les faisant disparaître.

A nous donc de prier pour que le règne de Dieu arrive chez tous les peuples et à soutenir ceux qui se dévouent à cette œuvre.

Vendredi

Nous voguons dans la mer Ionienne et les côtes de la Crête commencent à paraître pour nous rappeler saint Paul débarquant en ce pays, relisons l'Épître qui s'y rapporte et nous ferons ainsi un fructueux voyage avec celui dont l'énergie a tant servi et sert tant encore la cause de Dieu.

Samedi

Nous revoilà au même passage tragique qui nous avait tous rendus malades le huit septembre et qui commence à nous mettre le cœur à l'envers le huit octobre. Ces courants qui viennent de la mer Adriatique sont terribles.

Cependant le cas est moins grave, tout le monde ne disparaît pas dans sa couchette et les mines sont moins lamentables. On ne donne pas ses restes aux poissons, se contentant de ne pas paraître à table et de grignoter quelque chose sur le pont. C'est ce que je fais continuant à travailler, lire et causer avec ma charmante amie Mme Duthil, ma compagne habituelle et mère admirable de trois jeunes gens charmants.

J'ai cependant le courage d'aller dire mon rosaire (en trois fois) et celui non moins grand d'aller recevoir la bénédiction après le dîner. Mais après, vite dans son cadre, dans la crainte d'un accident, la mer se calme, et nous dormons comme des marmottes jusqu'à quatre heures et demie.

Catane

Dimanche 9 octobre

Il faut se lever, la messe du pèlerinage étant à cinq heures et demie. On l'écoute pieusement, c'est si reposant cette messe avec les flots bleus qui s'aperçoivent à travers les échancrures de la voile. Le bateau a jeté l'encre, on ne bouge plus et tout le monde est vaillant. La visite sanitaire se passe rapidement, et nous descendons dans les barques. Mais nous en avons fini avec les cris de nos bateliers Arabes, au grand regret de Mme Duthil, cela manque en effet de couleur locale, mais celle de la Sicile est toute gracieuse, poétique, fraîche, verte et fleurie.

Cependant nous voyons bien quelques-uns de ces beaux plumets si aimés des Siciliens et après quelques coups de rames nous débarquons à Catane. Belle ville de cent-quarante mille habitants, bien percée, mais peu curieuse.

En revanche notre cavalcade fait celle des habitants, la Sicile voyant pour la première fois un pèlerinage et comme la ville est en fête pour l'arrivée du roi de Siam, (ce qui ne veut pas dire que les habitants soient en habits de fêtes). Oh ! non, ils doivent penser que nous en sommes la suite, un peu étrange, avec ce mélange d'abbés, de laïcs, de religieux et de dames. Par exemple nos chevaux ont de vrais plumes de sauvage sur la tête et toutes les voitures, une pancarte avec ce mot magique : L'*Etoile*.

Avec nos équipages nous visitons l'église de Sainte-Agathe où l'on vénère le martyre de la sainte ; de là, nous allons traverser le jardin de Bellini, auteur de *La Norma* et de tant d'autres chefs d'œuvre. Je vois une affiche : *Corso di fiori*, des batailles de fleurs se livrent-elles là dans les belles allées ?

Visite de Saint-Nicolas, belle cathédrale où l'on nous fait admirer le maître-autel en argent doré et entendre les meilleures orgues de l'Italie, enfin prison de sainte Agathe dans laquelle on vénère la trace d'un de ses pieds dans la lave. Au bon trot des voitures nous arrivons à la gare non sans avoir regardé avec curiosité de bonnes vaches bien grasses avec leur petit veau allant de porte en porte donner leur bon lait.

On s'installe dans les wagons et on fait pour une heure et demie de trajet dans des champs de vignes, de citronniers et d'orangers traversés par de beaux oliviers et de non moins beaux amandiers.

L'Etna se montre coiffé par des nuages, ce qui met très fort en colère la marquise de la Rochechouart qui ne le trouve ni aimable, ni poli. Les italiens disent que le mont est emperlé de villas, quand le géant se secoue les perles tombent.

Du chemin de fer, suivant nos luxueuses habitudes nous passons en voiture et dans un landau attelé de deux bons chevaux avec queues de renard, nous franchissons la distance qui nous sépare de l'hôtel San-Dominica, au sommet de

Taormina

Mais quelle montée ! Quelle belle vue ! La route est en lacets et toute bordée de géraniums en fleurs, de plumbago aux jolies nuances bleues. Quant aux cactus, ils montent et croissent partout, dans toutes les fentes des rochers, jusque dans les nids des aigles (s'il y en a).

Que c'est vert, que c'est frais, tout le monde est ravi : la mer est bleu, les côtes s'échancrent, la Calabre se montre au loin (avec ses brigands) et Messine plus près.

Nous descendons pour le déjeuner dans ce splendide ancien couvent de San-Dominico. Belle salle-à-manger, domestique en habit, terrasses à colonnades donnant sur la mer, musique locale en dessous par des petits Siciliens, c'est charmant. Petites tables de quatre ou douze personnes et pour terminer le déjeuner, une demoiselle fait la folie de payer une bouteille de Champagne. Dans l'intérêt des abbés, après avoir dit non et m'être sauvée, je me laisse repêcher et je bois quatre coupes ! C'est scandaleux dans un pèlerinage.

Tout devant aller tambour battant dans notre chevauchée à travers les pays divers que nous traversons, à peine le déjeuner avalé on part à pied pour visiter le théâtre Greco-Romain. Il est encore plus élevé que le couvent dont nous venons et qu'une riche famille Italienne a acheté pour le rendre aux religieuses. Voilà pourquoi, les tableaux religieux, comme *Moïse sauvé des eaux* et quelques portraits sont restés dans le réfectoire où nous étions.

Le théâtre a dû être grandiose, puisqu'il pouvait contenir 30,000 spectateurs, et pour nous faire juger de l'acoustique un des guides en fait l'historique de la scène tandis que nous sommes aux dernières galeries.

Redescente en voiture en s'arrêtant à l'église de Saint-Pancrace où sont les religieuses dominicaines, en attendant de pouvoir revenir dans leur couvent. Au galop nous rejoignons les barques qui nous ramènent à l'*Etoile*.

Sur l'Etoile

Vraiment on apprend tous les jours quelque chose de nouveau. En rentrant je passe à la chapelle pour remercier le bon Dieu de cette bonne journée et je trouve là une dame qui n'est pas descendue avec nous et qui me conte son désespoir de n'avoir fait le pèlerinage de Jérusalem que pour voir et rapporter des asphodèles et qui revient bredouille.

Notez que nous avons traversé des champs remplis de lis de la Vierge et que nos jeunes gens sont descendus de wagon pour nous en cueillir et arracher même quelques oignons.

Décidément ajoute-t-elle, je suis partie sur une mauvaise étoile. Pauvre dame et nous, qui trouvons tous que nous nous sommes embarqués au contraire sur une bonne étoile. Voilà comment des goûts et des couleurs il ne faut pas disputer.

Palerme

Lundi

Après la messe, toujours délicieuse quand elle est accompagnée des jolis cantiques que le Père Honoré sait si bien dire avec sa jolie voix qui va au cœur, nous faisons nos préparatifs pour descendre à Palerme. Nous sommes à quai, le trajet n'est donc rien, mais qu'arrive-t-il? les voitures ne sont pas là. Est-ce que pour une fois notre admirable organisateur, le P. Antonin serait en faute?

Pauvre directeur, quand il faut faire entendre raison à plus de deux cents personnes, ce n'est pas une petite affaire.

Enfin elles arrivent et nous partons pour Monréale le point le plus élevé de Palerme, superbe ville de trois cents mille habitants, très grande et surtout très pittoresque.

Nous passons par la belle promenade de la Liberté

où circulent les beaux équipages, dans la rue Victor-Emmanuel dont les riches magasins sont faits pour les flâneurs et nous remarquons abondance de balcons à toutes les maisons, depuis le haut jusqu'en bas. Parfois une bande d'étoffe noire avec un écriteau traverse les portes, c'est le drap mortuaire de la Sicile.

Tous les quatre pas on voit ces petites voitures particulières à ce pays, quatre planches peintes de sujets religieux sur des roues très élevées. Puis des franges de macaronis qui pendent en dehors et dans l'intérieur des boutiques. Enfin des mules superbement harnachées de pompons rouges, et la foule curieuse et riante toute intriguée de voir notre file de voitures.

La pluie commence, je prie le bon Dieu de nous gâter encore un peu, et elle s'arrête. Je suis avec la bonne religieuse de Saint-Joseph, gaie comme un pinson, qui est chargée de masser toutes les entorses, elle a fait le pèlerinage avec nous pour voir sa famille à Montpellier, après quoi elle retournera au Pirée où elle est depuis trente ans.

Ensemble nous admirons cette belle montée qui fait le tour de la corne d'or de Palerme, ainsi nommée parce que tout le fond de la vallée que nous dominons est en citronniers. Pour nous, la corne est encore verte.

Monréale a été possédé par plusieurs nationalités ; les Normands, les Arabes, les Italiens et chacun a imprimé son cachet particulier dans la splendide église que nous allons visiter en descendant de voiture.

Elle est écrasante de richesse, non pas d'une richesse éclatante, mais par la profusion de ses merveilleuses mosaïques, et le fouillé de ses marbres et de ses sculptures sur bois, tout est travaillé à miracle. Quant aux sujets qui font le tour de l'église près de la coupole, leur naïveté est amusante. On voit ainsi Eve sortant de la côte d'Adam et toute la construction de l'arche de Noé.

Le cloître est beau par ses dimensions, la variété de ses colonnades genre moresque toutes différentes et chargées, autrefois d'or et d'argent. Dans un angle une vasque avec jet d'eau.

Nous disons adieu à Monréale et c'est ainsi tout le temps de ce vertigineux pèlerinage.

De Dieu c'est l'ordre suprême,
Il faut à tout ce qu'on aime
Dire adieu.
Et pour un cœur sur la terre,
Est-il douleur plus amère,
Qu'un adieu.

Alfred TONNELET.

La belle Palerme nous revoit, et nous visitons : la Cathédrale, sans cachet particulier, mais renfermant un beau maître-autel avec marbres précieux et lapis lazulli. Un Christ, auquel je ne vois rien de merveilleux, et les tombeaux des rois de Sielle et d'Aragon, dont les colonnes de porphyre rouge sont très belles. Mais je tombe en admiration, et d'autres font comme moi, devant l'Assomption, de Vélasquez, elle vaut toute la Cathédrale, très élégante cependant à l'extérieur.

Mais nos heures sont comptées, il faut entrer rapidement dans la ville Acca, que les voitures nous font parcourir dans tous les sens. Splendides allées de citronniers et verdure reposante.

De là, pour nous préparer à bien déjeuner, visite du fameux cimetière des Capucins. Ce sont de longs corridors remplis de cercueils en verre, ce qui permet de voir les personnes décédées et de suivre les progrès, non pas de la décomposition, mais du dessèchement des corps. Et quand ils sont à point, c'est-à-dire arrivés à l'état de parchemin, on les suspend au-dessus des cercueils contre la muraille.

Il y en a de tous les âges, de toutes les tailles et dans toutes les poses ; grimaces effrayantes, rictus moqueurs ou navrés, mains crispées, regards vides et creux. Beaucoup de personnes fuient épouvantées et cependant ne faut-il pas l'apprendre cette grande leçon que donne la mort, s'habituer à la voir en face et sous toutes ses formes ?

En sortant de cette visite macabre, nous nous trouvons tous réunis dans un restaurant où il fait bon réparer ses forces.

Après le déjeuner, repromenade pour visiter le jardin botanique qui est une réunion des arbres les plus étranges et des noms les plus savants. Mais il est tout simplement ravissant avec ses bassins, ses cygnes, ses rocailles et cette végétation merveilleuse des tropiques, parmi laquelle nous voyons le papyrus presque disparu de l'Egypte.

A côté, est une autre villa dans le genre du jardin de Le Nôtre.

— Entrez, regardez et sortez, nous dit le P. Gerbier, car le temps passe, et il faut voir : La Chapelle Palatine qui est un petit bijou de mosaïques dorées sur verre. La pluie tombe encore pour faire peur à ceux qui n'ont pas de parapluie, mais heureusement elle cesse de nouveau et nous pouvons continuer à faire notre petit effet dans cette ville délicieuse et dont je rêverai longtemps, malgré le cimetière des Capucins.

Mardi 15 octobre

Quel bonheur ! Nous avons eu notre petite Maffia. C'est le Père Gerbier qui nous a conté l'aventure hier au soir.

Ces fameuses voitures qui n'arrivaient pas, c'était tout simplement un monsieur quelconque qui les avait toutes prises pour voler l'affaire à notre agence. Mais il comptait sans la *patience* des pèlerins et la fermeté de nos directeurs, qui ne se sont pas laissé faire.

Voilà les côtes d'Italie qui se montrent à nous, la

mer a été méchante cette nuit, elle est encore un peu houleuse ce matin, aussi lui dirons-nous volontiers au revoir pour quelques heures, tandis que nous dirons un long adieu à trente-cinq de nos pèlerins qui vont nous quitter pour aller à Rome.

Il ne sera pas éternel parce que nous espérons bien nous retrouver tous un jour au ciel.

On enlève toutes les toiles, le pont se dégarnit de ses chaises, on met les barques sur notre château, c'est la fin du voyage qui approche, eh bien, je crois que, rapportant tous de bons souvenirs, nous reviendrons volontiers chez nous pour les raconter.

Naples-Pompéi

15 octobre 1907

J'écris en grande pompe notre visite à cette curieuse ville de 12,000 âmes, ensevelie sous l'éruption du Vésuve dans l'an 79 de notre ère, et qui ne fut réellement découverte qu'en 1748 pour n'être reconstituée, et pas au complet, que depuis une cinquantaine d'années.

Je ne sais rien de plus étrange. Parcourir et se promener dans une ville romaine telle qu'elle était avec ses places, ses maisons, ses monuments et tout ce qui constituait sa vie sociale, commerciale et intime, mais rien de plus triste aussi quand on voit dans quelles angoisses ont dû mourir les habitants qui n'ont pu se sauver.

C'est dans les cendres qu'on retrouvait les corps, et, pour les avoir intacts, on fait un trou dans lequel on coule du plâtre liquide, lequel, pénétrant dans la cavité, s'endurcit et donne la forme exacte soit de l'homme, soit de l'animal.

On pourrait appeler Pompéi : une ville de Pierres; tirées au cordeau, les rues sont pavées avec de grandes dalles du Vésuve, les trottoirs très élevés sont bordés de grosses pierres, et, pour passer de l'un à l'autre, quand les rues étaient pleines d'eau on avait une, deux ou trois grosses pierres entre lesquelles les roues des chars pouvaient se glisser.

Le long des trottoirs étaient des boutiques de toutes les industries bâties en grosses pierres, des statues, des colonnades, des fontaines, des places toujours pavées, les maisons de quelques riches patriciens et quelques monuments importants comme les Thermes, le Forum Civil pour les affaires du commerce, les théâtres comiques ou tragiques et la Basilica se composant de trois nefs, lieu destiné à rendre la justice et qui a donné son nom à nos églises.

Point d'arbres, point de promenades ou de squares comme dans nos villes modernes, mais à peine quelques jardinets pour rire. Quant à la vie, quant aux mœurs, les peintures les racontent et encore on ne nous fait pas tout visiter, mais quand on lit la première épître de Saint Paul aux Romains, on est édifié et on comprend les trois journées de cendre chaude tombant d'après l'ordre de Dieu sur des villes aussi coupables. Celle-ci était du reste une ville de plaisirs. Dans le musée, on voit tout ce qui a été retrouvé ; les pains, les étoffes, les meubles, les ustensiles de cuisine, et si on pouvait remeubler tout une maison, mettant des personnages en cire, comme Mistral l'a fait au Muséum Arlatan, ce serait vraiment d'un grand intérêt.

Voilà donc tout ce que nos courts instants passés à Naples nous ont permis de voir de cette *belle* ville.

D'autres groupes ont préféré monter à San-Martino pour contempler la beauté du golfe de Naples. Quant au Vésuve il a été muet. Eh bien, je ne regrette pas le conseil qui m'a été donné d'aller voir la vieille cité romaine qui m'a fait revivre dans un autre temps et quel temps !

Cependant, disons un mot de Naples dont les maisons ont pour la plupart six étages, ce qui donne un aspect un peu étroit et sombre aux rues qui bordent le quai, pour ajouter au coup d'œil et mettre un peu de lumière, on voit, dans le haut d'une rue à l'autre, une corde et toute la lessive des familles pauvres qui habitent les étages supérieurs. Secondement, vous n'avez pas plutôt fait un pas dans ce pays enchanteur, qu'une mère nous apparaît faisant la chasse et une chasse fructueuse dans la chevelure de sa fille.

A part cela, la campagne de Naples est délicieuse et si vous voulez un conseil, prenez une voiture, traversez Naples le plus rapidement possible, car elle n'a que son Musée et deux églises, Saint-Janvier, célèbre pour le miracle, et Saint-Thomas d'Aquin, pour le Christ lui ayant parlé.

A part cela, il faut la regarder de loin et de haut.

Et maintenant, nous pouvons mourir, puisque nous avons vu autrefois Carcassonne et sa vieille cité, aujourd'hui le fameux golfe de Naples Emotion !... Deux pèlerins manquent à l'appel, ils arrivent en retard, ce sont deux abbés, et il faut les hisser avec des cordes à la grande joie de tous les autres prêtres !...

Jeudi

Dernière journée de notre pèlerinage qui ne s'est pas terminée comme nous le pensions à cause du mauvais temps.

Cependant, la procession du Saint-Sacrement a pu avoir lieu dans sa simple et majestueuse grandeur. Les matelots avaient fait un reposoir avec la roue du navire auréolée de rames mêlées de verdure et de fleurs pour entourer l'ostensoir. Tous ces prêtres en chasubles blanches, ces chants, le bruit des flots et les belles paroles du P. Gerbier étaient faites pour émouvoir tous les cœurs.

Après le dîner soirée récréative où nos jeunes gens ont exercé leur esprit, mais dans laquelle M. Duthil nous a charmés pour la seconde fois en faisant les portraits les plus fins des conducteurs du pèlerinage et des personnes différentes qui le composent. Aussi avons-nous applaudi de tout cœur.

Mais pendant ce temps le vent faisait rage et la nuit s'annonçait mauvaise, à croire que nous allions sombrer.

Le matin impossible de dire la messe. Quelques personnes se risquent, montent à la chapelle et ont le bonheur de communier, je suis de ce nombre, c'est la dernière joie qui nous est donnée, car le mal de mer arrive, on le passe tant bien que mal sur sa couchette (mais plutôt bien que mal, quand une aimable jeune fille vient vous tenir compagnie), il disparaît en vue de Notre-Dame-de-la-Garde.

La cloche sonne, on chante à la chapelle, toute dégarnie, le psaume *Babylonis* qui dit si bien la tristesse de nos cœurs.

1 « Nous nous sommes assis sur le bord des fleuves de Babylone, et là nous avons pleuré, en nous souvenant de Sion. »

2 « Nous avons suspendu nos instruments de musique aux saules qui sont au milieu de cette contrée. »

6 « Si je t'oublie, ô Jérusalem, que ma main droite soit mise en oubli ! »

Le Père Directeur dit encore quelques paroles émues, dernières recommandations sur la communion quotidienne, le chemin de croix et les prières pour les défunts.

Puis chacun se serre la main, quelques larmes brillent dans les yeux et c'est ainsi que se termine le voyage.

Tandis que les pèlerins du moyen-âge s'en allaient le bâton à la main, la corde autour de la taille et les coquilles pendues au cou, tandis que nos ancêtres, les croisés portaient l'épée au côté, vêtus de leur lourde cuirasse, nous, pèlerins du XXme siècle, nous nous sommes presque envolés à travers tous les mondes, soulevant l'étonnement des foules qui nous voyaient passer et laissant, nous l'espérons, tous les parfums de l'amour divin en cherchant à nous faire tous les apôtres de la charité du Christ.

Oui, c'est une belle œuvre que viennent d'accomplir les Assomptionistes avec l'approbation de Léon XIII que tous les pèlerins passés, présents et futurs béniront en chantant leur reconnaissance dans ce monde et dans l'autre.

CONCLUSION

Si vous voulez aller au ciel tout en restant sur la terre faites le pèlerinage de Terre-Sainte et pour bien finir disons : au revoir à tous les pèlerins, à tous ceux que nous n'avons pas nommés et surtout à la douce jeune fille qui a souffert si gracieusement pour tous, en les assurant de garder leur souvenir dans nos prières.

Une dette de reconnaissance me vient au cœur pour tous mes bons amis d'Aix, dont les messes, les chapelets et les prières ont dû soutenir la pèlerine et attirer les bénédictions du Seigneur sur tout le pèlerinage.

Amen.

FIN

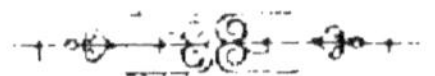

Conseils pratiques

Quelques personnes m'ayant demandé des conseils
sur les bagages et la façon de se vêtir, j'ai pensé que
le plus simple était de les ajouter dans cette petite
brochure aux notes de voyage et aux renseignements
historiques.

Une valise légère d'une dizaine de francs, couverte
d'une toile grise.

Une enveloppe de parapluie en toile, boutonnée,
ce qui permet d'y mettre autre chose que le parapluie
et les ombrelles, Enfin, un sac en cuir pas trop gros,
couvert aussi en toile grise, couleur faite pour la
poussière.

Dans la valise, d'un côté, le linge ; de l'autre, une
seconde jupe courte, ou noire ou grise, et quelques
petits corsages légers. La mantille pour le bateau est
commode, le capulet aussi ; un grand châle des Pyré-
nées vaut mieux qu'un manteau.

Un parapluie, une ombrelle grise doublée et une
noire.

Dans la poche du petit sac noir, tous les flacons de
toilette debout ; la liqueur contre le mal de mer et

l'encrier. Dans la poche extérieure du sac, tout petit buvard, plume et crayon.

Sur soi, jupe courte avec chemisette et veste. Chapeau simple, qu'on recouvre en Orient d'une grande écharpe de tulle coton blanc. De même, sur son costume, il fait bon acheter le grand manteau blanc qui garantit de la poussière. Comme chaussure, la toile grise est préférable, on peut en avoir une noire pour le bateau.

Nous conseillons aussi un ou deux bons livres et un travail à l'aiguille. Se munir de fils, d'aiguilles, d'épingles, et de tout ce qu'il faut, non seulement pour se raccommoder soi-même, mais pouvoir raccommoder les autres.

Enfin, une bonne provision de patience pour les petits contre-temps, de bonne humeur, de gaîté, de simplicité et de piété. Avec cela, le pèlerinage sera toujours superbe.

9 782329 773186